この社会の「なぜ?」を
ときあかせ!

謎解きゲーム理論

浅古泰史
早稲田大学政治経済学術院准教授

大和書房

小さな化学工場からはじまり、日本を代表する財閥にまで成長した「降《ふり》矢《や》木《ぎ》産業」
貧しい漁村に生まれ、一代で巨万の富を築いた創設者が、降矢木栄龍《えいたつ》である
降矢木産業の工場から垂れ流される有害物質による公害など
栄龍には悪事の噂が絶えない
しかし政商でもあり、政治家と近い関係にある彼は
それらの悪事をもみ消してきた
子や孫に囲まれ、順風満帆に見えた降矢木一族だが——
或る日、栄龍が自宅で病に倒れてしまう……

探偵事務所
あの工業王・降矢木栄龍が病気で倒れたって
彼はなかなか非道な独裁者ぶりらしいね
なぜ独裁者というのはひどい人間ばかりなんだろう？
人柄もあるだろうけど、横暴にならざるを得ない理由もあるんじゃないかな
独裁者のインセンティブから考えたら、その理由が見えてくるよ
インセンティブ？
知らない言葉だ……
言い換えれば「動機」さ
独裁者の気持ちになってなぜ横暴になるのかを考えるんだ

ああ、いつも君が言っているよな
えっと……
「ゲーム理論」さ
現実の問題を謎解きのように考える方法だよ
なぜ悪いとわかっていても環境破壊は進むのか
政治家は誰のために政策を実行するのか
人々が独裁者に騙されるのはなぜか……
君も使ってみるといいよ
興味ないね！私には関係ないことばかりだ
ポイッ
そういえば栄龍の館も解《げ》得《え》霧《む》館《かん》とか言ったな
電報で〜す
おい、これは
運命の導きかもしれないよ……
本編に続く…

人物相関図

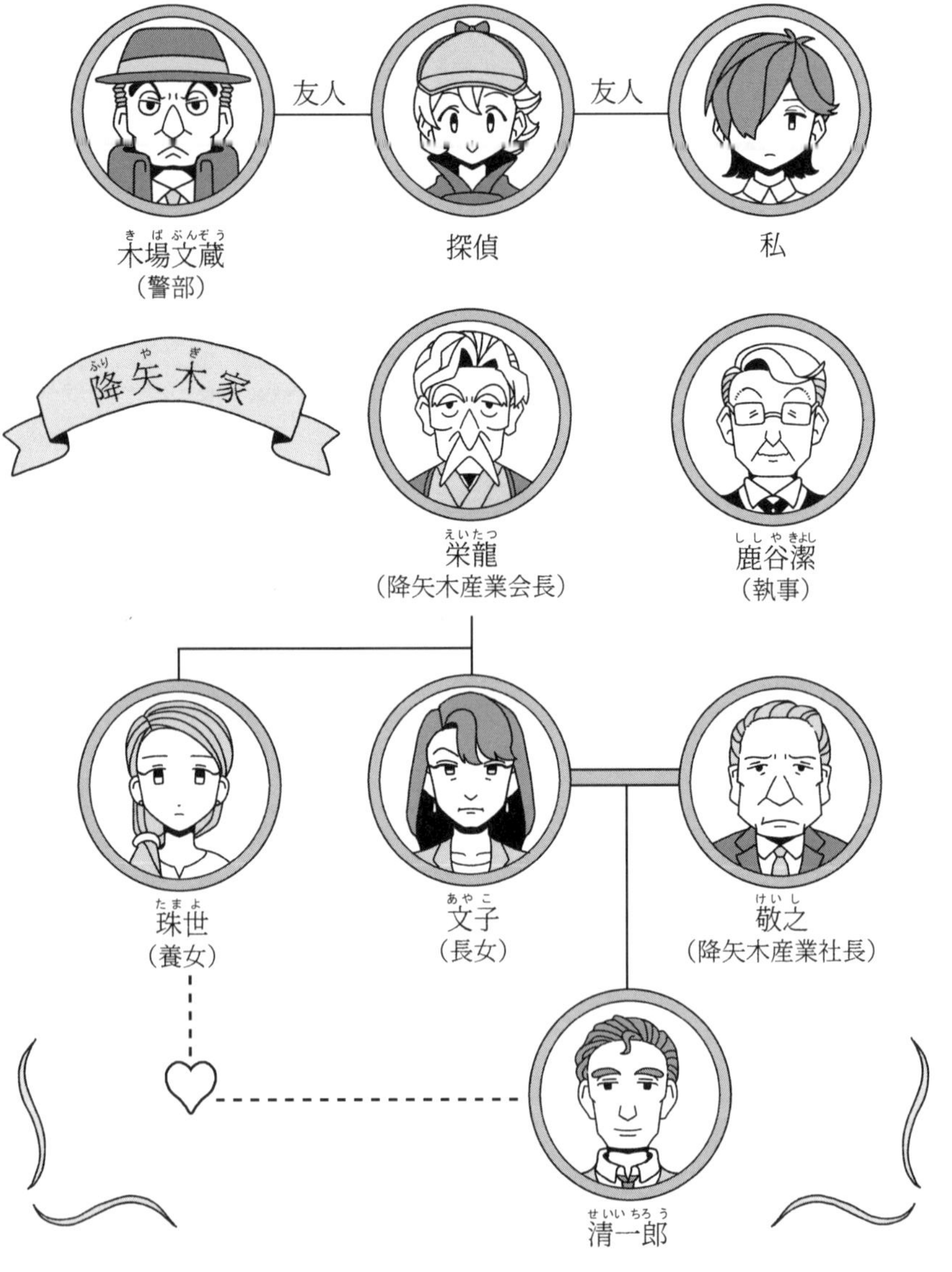
友人
友人
木場文蔵《きばぶんぞう》
（警部）
探偵
私
降《ふり》矢《や》木《ぎ》家
栄龍《えいたつ》
（降矢木産業会長）
鹿谷潔《ししやきよし》
（執事）
珠世《たまよ》
（養女）
文子《あやこ》
（長女）
敬之《けいし》
（降矢木産業社長）
清一郎《せいいちろう》

《コロサレルカモシレナイ》

降矢木《ふりやぎ》産業の創始者である栄龍《えいたつ》から電報を受け取った探偵は、友人の私を引き連れて解得霧館《げえむかん》を訪れる。しかし、訪れたときには栄龍は病状が悪化し危篤状態であった。

そしてその夜、栄龍は惨殺される。その後も続く、世間の耳目を集める事件の数々。なぜ、死が目前に迫っていた人物が殺されたのか。その動機が明らかになったとき、すべての謎が解き明かされる。

はしがき

本書はゲーム理論を用いて、私たちが生きる社会の多くの問題を分析するための入門書です。端的に言えば、ゲーム理論とは現実の社会をゲームのように描き、社会に生きる人々をそのゲームのプレーヤーと考えたうえで、人々の行動と起こり得る帰結を分析していく手法です。

ゲーム理論の分析では数学を用いることが一般的ですが、本書はいわゆる「数式を用いない本」です。できるだけわかりやすくゲーム理論の重要な考え方や視点を解説したうえで、それらを通して多くの社会問題を考えていきます。

「ゲーム理論なんか一度も学んだことがないよ」と言う方。

本書は、あなたに向けて書かれた本です。ゼロからゲーム理論の基礎について解説するので、ゲーム理論の知識が全く無くても大丈夫です。さらに、ゲーム理論を使って現実を分析していくと何が言えるのかを紹介していきます。本書は、ゲーム理論の基礎と有用性を学んでいける手ごろな超入門書です。

「ゲーム理論の入門書は読んだけど、ゲーム理論ではどのように社会を分析しているのだろう」と思っている方。

本書は、あなたに向けても書かれた本です。本書を通して、その基本的な考え方を復習として確認しながら、実際にどのように私たちの社会を分析できるのかを理解することができます。

「ゲーム理論はよく理解しているし、その応用も知っている」と言う方。

本書は、あなたにとっても新しい発見のある本かもしれません。本書では、近年の研究も紹介していきます。気軽に読み進めながら、あなたの知らないゲーム理論の応用分析を知ることができると思います。

先ほども指摘したように、ゲーム理論は数学を基礎とした分析手法です。中には、「数式を使わないでゲーム理論を理解できるのか」と思われる方もいるかもしれません。もちろん、数学を用いた方がより深くゲーム理論を理解できます。しかし、ゲーム理論で最も大切なことは、その論理性です。ゲーム理論で用いる言葉には、それぞれ明確な定義があります。その定義を理解したうえで、論理的に応用していくことが重要なのです。よって、複雑な数式を使う前に、その根底にある考え方をしっかりと理解していくことで、ゲーム理論の核心に触れることができます。本書は、できるだけわかりやすく、しかし曖昧な表現などはせずに、ゲーム理論から社会を見る考え方と視点を知ることができるように書かれています。

本書では、「多くの社会問題はなぜ生じるのか」に関して議論していきます。多くの場合、社会の問題を解決する主体は政府であり、その手法は政策です。社会問題を理解し、その解決策としての政策を検討・分析していく分野として**公共政策論**があります。本書は、その公共政策論をゲーム理論から考えた入門書とも言えます。公共政策論の教科書はいくつかありますが、ゲーム理論による入門書は日本語では本書が初めてだと思います。また、政治問題や政府の役割を分析している**公共経済学**や**政治経済学**の入門書の一つとして用いることもできます。同時に、多くの社会問題を議論していくことから、大学のゼミなどで用いれば、幅広いトピックに関して討論をしていくこともできるでしょう。

ゲーム理論は様々な分野に応用され、私たちの社会に関する分析が蓄積されています。そのため本書は、経済学、経営学、法学、政治学、あるいは公共政策などを専攻とする大学生・大学院生、専攻としていた社会人の方、そして専攻としようとしている高校生などを読者と想定して書かれています。また、政策立案に携わる方々にも新しい視点を提供できると思います。

ゲーム理論はあくまで分析手法の一つです。ゲーム理論ならではの答えを提供するものではありません。しかし、ゲーム理論の視点を通した「モノの見方」があります。私たちの社会の数々の問題に対し、単に感情的に議論するのではなく、様々な「モノの見方」を理解したうえで冷静に議論していくことは大切なことです。その「モノの見方」の一つを、本書では提供しています。

さぁ、一緒にゲーム理論の基礎を理解しつつ、社会の様々な謎を解き明かしていきましょう。

第2部　その問題、政治なら解決できる……のか？

第3部

有能な独裁者は救世主になれる……のか？

「その動機こそが、常に焦点となっていました」

解得霧館のリビングに集められた事件の関係者を前に、探偵はゆっくりと話しはじめた。

「最初の被害者である降矢木栄龍翁は、危篤状態となった後に殺害されました。なぜ犯人は、目前に死が迫っていた栄龍翁をわざわざ殺したのか。その後に起きた殺人も、必要以上に世間の耳目を集めるようなものでした。なぜ、そこまでやる必要があったのか。なぜ、なぜ、なぜ」

探偵は全員を見回しながら、大げさに両手を広げて見せた。

「そこでぼくは、〝犯人の気持ち〟になってみました。すると、すべての謎が1つの線でつながれたのです。説明もつかず、意味不明なだけと思われていた行動にも、すべて理由があったのです。その動機を理解すれば、一連の事件を引き起こした犯人が誰かは、自ずと明確になるのですよ。そう、犯人は……」

饒舌に話す探偵を見ながら、私はこの忌まわしき連続殺人事件のことを思い起こしていた。すべては2週間前に、友人である探偵とこの館を訪れたときからはじまった。

序章

謎解きはゲームのあとで

「私は最初から、この事件がなぜ起こったのかということを気にかけていました。」

アガサ・クリスティー『ＡＢＣ殺人事件』早川書房（堀内静子訳）

古い館で起きた殺人事件、みなの前で推理をはじめる探偵……よくあるミステリー小説のワンシーンです（これは架空のミステリー小説ですが）。ミステリーが大好きな私は、いつかこんな場面に出会ってみたいものだと子どものころに思っていました。今考えれば、殺人事件なんか出会いたくないですし、ましてや関係者を一堂に集めて探偵が犯人を言い当てるシーンなどに立ち会うことは生涯ないでしょう。でも、ミステリー小説の世界ではなくても、そして殺人事件ではなくても、私たちの社会は謎に満ち溢《あふ》れています。繰り返される戦争や環境破壊。無くならない政治汚職や、独裁者に容易く騙される人々。「なぜ、こんな愚かな事態に陥るのだ」と言いたくなるような謎の数々です。どうすれば、これらの謎を解くことができるでしょうか。社会に渦巻く謎を解くために、多くの研究者が、様々な手法を用いて検証を重ねてきました。その中の1つに、最初に登場してもらった探偵と同じように「犯人の気持ちになる」手法があります。

それが、**ゲーム理論**です。

もちろん、殺人事件とは異なり、犯人は存在しません。でも、当事者はいます。市井の人々、企業、政治家や独裁者などの当事者です。その当事者の目的や、意思決定を行った状況を明確にし、そのうえで「そのような決定をするに至った当事者の気持ち」を分析するのです。すると、意味不明に見える行動の裏に隠された理由が見えてきます。なぜ、愚かな事態に陥ったのか。その道筋が見えてくるわけです。

この本では、私たちの社会が直面する数々の問題を考えていきます。そして、その問題を国や地方自治体が解決していけるのか、検証をしていきます。

社会の問題を取り巻く「謎」を、ゲーム理論を用いて解いていく。そんな「謎解きミステリー」をはじめる前に、まずは、ゲーム理論とは何かを説明しておきましょう。

1．ゲーム理論とは何か

ゲーム理論は、数学者であるジョン・フォン・ノイマンと経済学者であるオスカー・モルゲンシュテルンが１９４４年に記した著書である『ゲーム理論と経済行動』からはじまりました。フォン・ノイマンは、ゲーム理論以外にも、原子爆弾やコンピュータの開発も手掛ける天才的数学者でした。彼らが基礎を作り、その後発展していったゲーム理論の特徴を一口で言うと、

「ゲーム理論は戦略的相互依存下における人々の意思決定を分析する手法である」

です。ちょっと難しい言い方をしているので、その意味を１つ１つ紐解いていきましょう。

まずは「意思決定を分析する」という箇所です。ゲーム理論が分析する対象は、思想信条や社会全体の動きではなく、人々が日々行う決断です。殺人を犯すか否か、大気汚染を引き起こすか否か、戦争を行うか否か、などの意思決定を分析するわけですね。ゲーム理論では、そういう多くの人々の意思決定の分析を積み上げていくことで、私たちの社会を理解していこうとします。

次に、「戦略的相互依存」という箇所です。私たちの社会は様々な人々の意思決定の集合体です。色々な人の意思決定の積み重ねで、社会は動いています。そこでは、多くの人々の意思決定がお互いに影響し合っています。政治家による政策の決定は有権者の生活に影響を与えますし、

有権者の投票行動は政治家の選挙結果に影響を与えます。工場が生み出す大気汚染は人々の生活に影響を与えますし、その人々が工場を相手に訴訟を起こせば、工場の経営に影響を与えます。このように、人々の意思決定が相互に影響を与えている状況を、**戦略的相互依存**と言います。戦略的相互依存の下における意思決定を分析する手法がゲーム理論というわけです。

ゲーム理論にはもう1つの特徴があります。ゲーム理論の始祖であるフォン・ノイマンは数学者であり、モルゲンシュテルンも数学を用いて分析を行う経済学者です。彼らが基礎を築いたわけですから、当然ゲーム理論も数学を用います。時に高度な数学を用いるゲーム理論ですが、本書では数学的に難しい議論は一切しません。できるだけ丁寧に、かつ直感的にわかるように書いていきます。この本の前提知識は、数学（というより算数？）の四則演算ですので、安心してください。

数学に次いで、ゲーム理論は経済学とも関係が深い分析手法であり、大学の経済学部では（必ずと言って良いと思いますが）ゲーム理論の講義が開講されています。現に、ゲーム理論の始祖の1人であるモルゲンシュテルンは経済学者でしたね。そのため、ゲーム理論は経済学の一分野であると認識している方も多いかもしれません。もちろん、ゲーム理論のはじまりは経済学ですし、多くの経済学者の手によってゲーム理論は発展してきました。しかし、今やゲーム理論を用いる分野は経済学だけに留まらず、経営学、政治学、法学、社会学、果ては生物学などに広がっています。ゲーム理論の応用先は経済学を飛び越えて、あらゆる分野に広がっているわけです。

2．ゲームの作り方

ゲーム理論はどのように「戦略的相互依存下の意思決定」を分析していくのでしょうか。ものすごく端的に言ってしまえば、当事者たちの意思決定を取り巻く状況を実際の「ゲーム」のように描いたうえで、そのゲームの中にいる人たちの行動を分析していきます。どのように「ゲーム」を作っていくのか、具体的に考えていきましょう。

第１に、ゲームを作るといっても、そのゲームを実際にプレーするのは私たちではありません。そのゲームをプレーする人たちを想定し、その人たちがどのような意思決定をするのかを分析します。ゲームの中で意思決定をする人たちのことを、**プレーヤー**と言います。分析する対象によっては、経営者や政治家など具体的なプレーヤーの属性を考えます。また、企業や政府のような組織を１人のプレーヤーと考えて分析することもあります。ゲームを作る最初の一歩として、プレーヤーが誰で、何人いるのかを決める必要があります。

次に、ゲームの「ルール」として、①プレーヤーの選択肢、②意思決定の順番、③プレーヤーが知っている情報、を明確にする必要があります。１つ１つ見ていきましょう。

①選択肢は何か

ゲームを作るうえで、各プレーヤーが選ぶことができる選択肢を明確にする必要があります。ゲーム理論では、プレーヤーが持っている選択肢のことを**戦略**と言います。ジャンケンにおける戦略は「グー」「チョキ」「パー」の3つです。チェスや将棋であれば戦略はたくさんありますが、それでもコマの動かし方には制約があります。実際のゲームのように、ゲーム理論のゲームでもプレーヤーが選ぶことができる戦略を決めていきます。

②意思決定の順番

ジャンケンでは、「じゃんけんぽん！」で一斉に手を出します。この場合、意思決定のタイミングは同時です。一方で、チェスや将棋では、2人のプレーヤーが交互に手を決めていきます。この場合、意思決定の順番は同時ではなく逐次です。また逐次の場合、最初に意思決定をする人、2番目の人、3番目の人、というように、意思決定をする順番も明確にしなくてはいけません。同時か逐次か、逐次ならどのような順番かを決めていきます。

③プレーヤーが知っていること

チェスや将棋では、今まで相手が選んできた手はすべて見ることができます。よって、自分と相手で（過去の手に関して）知っている情報に違いはありません。一方で、麻雀やポーカーでは、相手の過去の選択を明確に知ることができません。このようにゲームによっては、相手の今までの選択が見えず、各プレーヤーが知っていることに限りがあるという場合が多くあります。これもゲームのルールの一種です。チェスや将棋では「自分の選択を相手に見せる」というルールですし、麻雀やポーカーでは「自分の選択（持ち札）を相手に見せない」というルールです。このように、各プレーヤーが「知っていることは何か」に関しても明確にしなくてはいけません。

また、ポーカーや将棋などでは、対戦相手の性格も重要な要素です。リスクを取って攻める性格なのか、あるいはコツコツと無難な手を好む性格なのか。相手の性格によって、こちらが取るべき戦略も異なってくるかもしれません。このように、相手の行動だけではなく、性格・性質・背景などに関する情報がわからないことも多いでしょう。このようなプレーヤーの性格・性質・背景などのことを、**タイプ**と言います。過去の行動やタイプに関し、各プレーヤーが何を知っていて、何を知らないのかを決めていきます。

最後に、プレーヤーが最終的に得る**利得**を決めないといけません。ゲームの結果、「勝ち」「負け」あるいは「引き分け」など、色々な結果が生じます。その結果から、プレーヤーは何らかの便益を得たり、あるいは費用を払ったりします。これら便益や費用をふまえて利得として表すわけです。前述の通り、ゲーム理論は数学を用いた分析手法です。「勝ってうれしい」とか「負けて悲しい」だけでは数学を用いて分析できません。そこで、利得という形で数値化をしてあげるわけです。その際には、プレーヤーにとってより良い結果ほど、利得が高くなるように設定してあげます。例えばプレーヤーにとって、「勝ち」が「引き分け」よりも良くて、「引き分け」が「負け」より良ければ、「勝ち」の利得は5、「引き分け」の利得が3、「負け」の利得が1のように、利得を与えればよいのです。この利得の解釈を巡っては、ちょっとややこしい議論があります。その議論は4章で行いますので、とりあえず「利得が高いほどプレーヤーにとって好ましい結果である」と理解しておいてください。

*

プレーヤー、ゲームのルール、利得の3つを明確にしてゲームを作り、そのゲームの中におけるプレーヤーの行動を予想して分析していくのがゲーム理論です。ただし、現実の事象をゲームとして描く際に、複雑な現実を複雑なまま描いては分析が困難になります。よって、分析しやすいように、複雑な現実を単純なゲームに変えて分析していくことになります。チェスや将棋も、実際の戦闘を単純化したものです。このように、現実の事象を単純化してゲームで示したものを**モデル**と言います。英語のmodelには、「模型」という意味もあります。模型は現実の飛行機や車や建物を、その重要な特徴だけを残して単純化したものですよね。同じように、現実の事象を単純化したモデルとして示したもの、それが、ゲーム理論におけるゲームなのです。

3.「ホワイダニット」としてのゲーム理論

前節では、ゲーム理論を理解するうえで重要な概念を総ざらいしました。ここで、今一度ミステリーの世界に戻ってみましょう。ミステリーにはいくつかの種類があります。「犯人は誰か」という謎に焦点を当てたフーダニット（who done it）、「どのように犯行に及んだのか」という謎に焦点を当てたハウダニット（how done it）、そして「なぜ犯行に及んだのか」という謎に焦点を当てたホワイダニット（why done it）です。ほとんどの推理小説はフーダニットですね。

一方で、冒頭で犯人が誰かを読者にわからせる推理小説もあります。倒叙ミステリーとも言われますが、そこでは探偵や刑事が仕組まれたトリックを暴いていく過程を見せるハウダニットの形式を取ることが多いです。一方でホワイダニットは、（フーダニットやハウダニットと組み合わさることは多いですが）犯行動機の解明が中心です。その代表的傑作が、アガサ・クリスティーの『ＡＢＣ殺人事件』でしょう。Ａではじまる名前の町で、Ａではじまる名前の老婆が殺されます。その後も、アルファベットになぞらえた連続殺人が起こっていくのですが、なぜアルファベットになぞらえているのかがわかりません。苦戦を強いられた名探偵エルキュール・ポアロですが、その「灰色の脳細胞」を使って一連の殺人の裏に隠された動機と犯人を暴いていきます。

ゲーム理論が解こうとしている謎は、私たちの社会に渦巻く謎です。「誰が何をしたのか」まではわかっている一方で、「なぜこんな事態に陥ったのか」という理由がわからないことが多くあります。自身の生活環境を悪化させることがわかっているのに繰り返される環境破壊や、独裁者に騙される市井の人々。多大な犠牲が伴うにもかかわらず無くならない戦争や、嫌と言うほど生じる政治汚職。こういう事態に直面するたびに、私たちはこう言います。

「なんて愚かな人たちだ」

でも、「愚か」という一言で片づけて良いのでしょうか。一見不可解で愚かに見える行動の裏で、多くの人々は必死に考えて行動をしています。何も考えずに適当に意思決定をしているわけでも、極めて愚鈍で正しい判断ができない人たちというわけでもありません。どこにでもいる、みなさんと同じ人間が考えに考えて意思決定をしてきた末に生じた「愚かな事態」なわけです。そういう愚かな事態に陥った人たちのことを、単純に「自分とは異なる愚かな人間だ」と結論付けてしまっては、また同じような過ちを繰り返すだけです。意思決定に関わった人たちが、なぜそのような愚かな選択をしたのかをしっかりと理解することが、過ちを繰り返さないことにつながるはずです。不可解な連続殺人事件を一本の線で結んで筋を通すように、愚かに見える意思決定にも筋を通した説明を試みるわけです。そういう意味で、ゲーム理論はホワイダニット的手法と言えます。

ゲーム理論で人々の行動を分析する際の大きなヒントが**インセンティブ**です。インセンティブは、「誘因」や「動機」と訳されます。ゲーム理論では、人々が特定の行動をとる裏には、その決定を促す原因（インセンティブ）があると考えます。例えば、企業が業績に応じて支払うボーナスは、従業員が業績を上げるために働こうとするインセンティブになるでしょう。このインセンティブは、人々を取り巻く制度や状況、つまり（ゲームの）ルールによってもたらされるものです。人々の行動を分析することで、そのインセンティブの源がわかるかもしれません。そしてインセンティブの源がわかれば、その制度や状況を変えていくことで、人々の行動を変え、愚かな事態を回避することができるかもしれません。「なぜ」がわかるだけではなく、その解決策の糸口になる可能性もあるのです。

この章では、「インセンティブ」などいくつかの言葉を紹介しました。今後もこれらの言葉は使っていきますし、次章以降では新たな言葉も紹介していきます。でも、読み進めていくうちに「あれ？　どういう意味だっけ？」と忘れてしまうこともあると思います。そこで、大事な言葉の意味に関しては、巻末に用語集としてまとめています。また、各章の終わりには「探偵からの挑戦状」という名前で、簡単な練習問題を用意しています。各章の内容を理解しているか、力試しをしてみてください。同時に、この序章のように各章の冒頭には、その章の内容と密接に関係する（架空の）ミステリー小説があります。有名なミステリーの登場人物たちへのオマージュもありますし、ちょっとした謎解きもありますので、気晴らしに眺めつつ、各章の主題を確認してください。

本書の議論の多くは、過去の研究に基づくものです。そのため随所で、本や論文を引用しています。例えば、浅古（２０１８）と書いてあった場合には、浅古という著者が書き、２０１８年に出版された和書もしくは日本語の論文を意味します。また、Asako（2021）とあった場合には、Asakoという著者が２０２１年に出版した洋書、あるいは英語の論文を意味します。中には、et al.と書いたものがありますが、それは著者の数が多いため省略したもので、「など」を意味します。すべての文献は、巻末にまとめてあります。著者名と出版年がわかれば、どの文献なのかわかるようになっています。

さぁ、これから灰色の脳細胞ならぬ、ゲーム理論脳を通して、一緒に謎解きを楽しんでいきましょう。

第1部

なぜ私たちは失敗するのか

私たちの社会は多くの問題を抱えています。その中でも「社会的ジレンマ」と呼ばれている問題を、ここでは考えていきます。社会的ジレンマとは、個々の人々が自身にとって良かれと思った選択を行った結果、社会にとって望ましくない結果をもたらす現象のことです。つまり、私たちの「正しい」と思って行った個々の選択が、私たちの社会を失敗へと導くわけです。社会的ジレンマは、人々の身勝手な行動の帰結のようにも見えますが、もう1つ「他者への信用」が重要な要素になってきます。第1部では、社会的ジレンマが起きる背景を、ゲーム理論の基礎を概説しながら、見ていきましょう。

2週間前、解得霧館――。

危篤状態に陥っていた降矢木産業会長・栄龍が、惨殺死体となって発見された。亡くなる直前に栄龍から呼び出されていた探偵と私は、その翌日には彼の死体と再会することとなった。

「警察の調べによると、亡くなられた父上が営んでいた会社はかなりあくどかったようですね」

栄龍の娘婿であり、降矢木産業の社長でもある敬之《けいし》に、私は語りかけた。その横で洋菓子を牛乳に浸している探偵が話をつづけた。

「降矢木産業の工場は、大量の有害物質を川に垂れ流し、住民を苦しめていた。その住民たちの悲鳴を、あらゆる手を尽くして抑えつけてきたそうじゃないですか。その一方で水質汚染が進み、会社の経営にまで悪影響を与えたというのは、なんとも自業自得ですねぇ」

敬之は、苦虫を噛みつぶしたような顔で探偵を見ている。

「さっきから何なんだ。我々が愚かだとでも言いたいのかね！」

怒りに震える敬之の顔を嬉しそうに見ながら、探偵はドロドロになった洋菓子を頬張った。

「いえいえ。愚か者じゃなくとも、破滅に向かうことは普通にあり得ることですよ」

第1章

「最適な行動」が招く悲劇

環境破壊が社会問題となってから、長い年月が経過しました。地球温暖化、資源の大量消費、公害、そして生物多様性の喪失など、私たちが抱える環境問題は数多くあります。環境破壊は、地球規模のものだけとは限りません。みなさんが住んでいる場所の周辺でも、緑地や農地などの緑がなくなってきていると思います。農地や庭園が潰され、そこに住居やマンションが建てられていくという光景は珍しいものではないでしょう。一度住宅やマンションに変わってしまえば、もう緑地に戻すことは絶望的です。

環境破壊の代償を払うのは、私たち自身です。公害は人々の健康に悪影響を与えますし、工場などの運営にも影響を及ぼすかもしれません。地球温暖化は豪雨などの異常気象につながっているという指摘もありますし、乱獲による生物資源の喪失は将来使える資源を減らします。そして、緑地の減少は私たちの住環境を悪化させるでしょう。それでも、これらの環境問題には解決の兆しが見えません。人々や企業は、別に「環境破壊をしてやるぜ、ぐへへへ」と思いながら意思決定をしているわけではないはずです。本章では、「環境破壊を止めることができないのはなぜか」という謎を、ゲーム理論を使って紐解いてみましょう。

1．環境問題をゲームにしてみる

序章で議論したように、ゲーム理論では現実の事象を単純化したモデルを作って分析をします。そのためには、まずプレーヤーが誰かを決めないといけません。環境破壊を行う主体は、企業だったり、国だったり、個人だったりしますが、ここでは冒頭のミステリー小説を意識して、工場Ａと工場Ｂの２つの工場を考えましょう。次に、プレーヤーの戦略を決めます。垂れ流す有害物質の量や環境対策の度合いを決めると考えても良いのですが、あまりに戦略の数を増やすと分析が大変になってしまいます。ここでは、水質汚染を解決するために浄水場の設立が議論されており、両工場はその設立のために出資するか否かを決めるとしましょう。環境問題の有無を分析したいので、単純に環境を守ることに貢献するか否かの二択にするわけです。意思決定の順番も、同時に意思決定をすると考えましょう。２つの工場がライバル関係にある場合、綿密な協議や相手の行動の観察は簡単にはできないためです。もちろん、同日同時刻に両工場が意思決定を行う

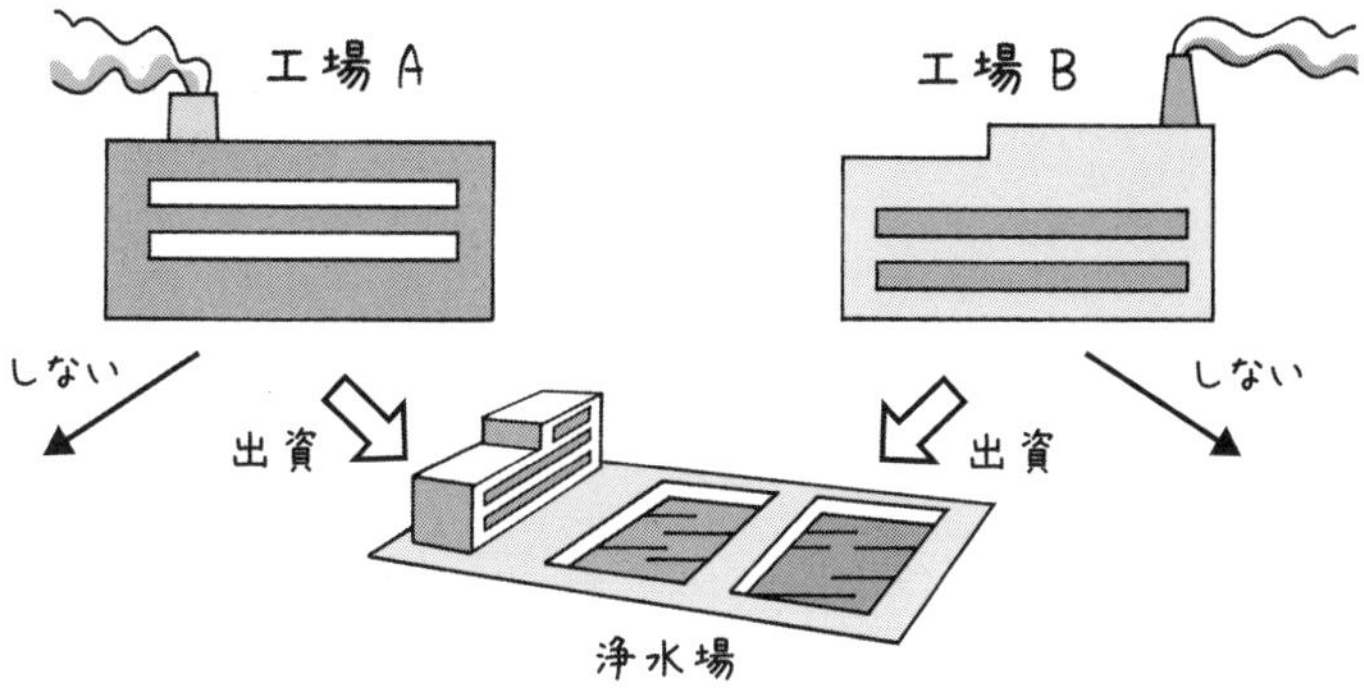

わけではないですが、全く別の場所で、相手の選択を知ることなく意思決定を行います。よって、意思決定の時間の違いは重要ではなく、両者の意思決定の内容に影響を与えることはありません。同時に意思決定しているようなものだとして分析できるわけです。最後に「プレーヤーが知っていること」は何かを考えないといけません。有害物質を垂れ流した結果どうなるかわからない、という状況もあり得ますが、ここでは工場は一定の調査を行い、有害物質の環境への影響を正しく理解しているものと考えます。よって、工場は利得を含めたゲームの設定をすべて知っていると考えましょう。

　最後に、プレーヤーが最終的に得る利得を決めないといけません。ただし、そのためにはどういう結果が生じ得るのかを把握する必要があります。各工場にとって、以下の4つの結果が生じ得ることになります。

①　両工場ともに浄水場の設立に出資する。

②　両工場ともに浄水場の設立には出資しない。

③　**自分の工場だけが浄水場の設立に出資する。**

④　**相手の工場だけが浄水場の設立に出資する。**

まずはこの中で、工場にとって最も好ましい帰結は何かを考えていきましょう。浄水場の設立の費用を2つの工場で分け合えば大したことはないですが、1つの工場のみで設立しようとすると、負担する費用は大きくなってきます。一方で、浄水場が設立されなければ、水質汚染が生じてしまいます。その場合、製品の生産に大量の水を使う工場も打撃を受けることになります。ここで、費用の大きさを、以下のように考えてみましょう。

・最も費用が高い……………浄水場の設立費用を1つの工場が負担
・2番目に費用が高い………水質汚染の発生
・最も費用が低い……………浄水場の設立費用を2つの工場で分け合って負担

こう考えると、2つの工場で費用を分け合って浄水場を設立し、水質汚染を改善した方が良いように見えます。ただし、ここで1つ忘れてはいけないことは、相手に工場の浄水場を設立してもらい、自分は何もしないという④の結果があり得るということです。工場にとって最も好ましい結果は、自分は何もせずに相手に環境改善の費用をすべて支払ってもらう④でしょう。それに

表1: 結果の好ましい順番

順位	結果	利得
最も好ましい	相手の工場だけが浄水場の設立に出資する。	3
2番目に好ましい	両工場ともに浄水場の設立に出資する。	2
3番目に好ましい	両工場ともに浄水場の設立に出資しない。	1
最悪の事態	自分の工場だけが浄水場の設立に出資する。	0

次いで良い結果は、両工場で費用を分け合って浄水場を設立する①です。一方で、最悪な結果は自分の工場だけで莫大な浄水場設立の費用を負担する③です。それなら、浄水場を設立せずに、水質汚染を甘受する②の方が良いと考えています。以上の、結果の好ましさの順番は表1にまとめました。

では、利得をどのように与えればよいでしょうか。序章で議論したように、それぞれの結果に応じて、点数を与えるような感じで、より好ましい結果に、より大きな利得を与えれば分析していくことができます。表1にあるように、最も好ましい結果である「相手だけ出資」には3の利得を与え、続いて2番目の「両工場が出資」に2の利得、3番目の「両工場が出資しない」に1の利得、そして最悪な「自分だけ出資」が0の利得などです。この利得の大きさは、「より好ましい結果により大きな利得を与える」という原則に従っていれば、どのような数字でも構いません。良い結果から順に、10、4、1、-5などを与えても良いわけです。

これで設定は終わりました。でも、設定が色々ありすぎて、全部を一気に理解することは難しいですね。視覚的に一気に理解できる方法があるとわかりやすいのですが、どのように見せるとよいでしょうか。

表2：環境破壊ゲームの利得表

		工場B	
		浄水場に出資	出資しない
工場A	浄水場に出資	2,2	0,3
	出資しない	3,0	1,1

2．利得表

プレーヤーの意思決定が同時決定であった場合に、視覚的に一気にモデルの設定がわかるようにする方法として**利得表**があります。今回のゲームの利得表は、表2に示しました。まず、2列2行のマス目が書かれています。これは個々のプレーヤーが持つ戦略の数が2つずつだからです。その左横にプレーヤーの1人である工場Aの名前が、そして上にもう1人のプレーヤーである工場Bの名前が示されています。工場Aの名前の横には「浄水場に出資」と「出資しない」という2つの戦略が書かれ、工場Bの名前の下にも同じものが書かれていますね。この2つの戦略は、それぞれの工場が持っている戦略です。これで、誰がプレーヤーで、そしてどのような戦略を持っているのかがわかります。この利得表は2列2行ですが、例えば工場Aが5

つの戦略を持っていた場合には2列5行になります。工場Aは行（上か下か）を選択し、工場Bは列（右か左か）を選択します。

次に利得です。この利得表には、4つマスがあり、そのマスは生じ得る結果の1つ1つに対応しています。左上は①の「両工場とも出資する」という結果であり、右下が②の「両工場とも出資しない」という結果ですね。そして、左下が「工場Bのみ出資」で、右上が「工場Aのみ出資」です。そして、各プレーヤーの利得を、それぞれのマスに書いています。2つの数字が並んでいますが、最初の数字が行を決める工場Aの利得であり、2番目の数字が列を決める工場Bの利得です。プレーヤーの利得は表1で決めました。工場Aにとって最も良い結果は、工場Bだけ出資する左下のマスです。ですので、工場Aの利得は3です。一方で、工場Bにとっては最悪の結果なので、利得は0です。工場Aにとって次に良い結果は左上の「両工場が出資」ですから、利得は2です。工場Bにとっても2番目に良いので、両工場は同じ利得2ですね。両工場にとって3番目に良い結果は右下の「両工場が出資しない」ですから、両工場ともに利得は1です。そして、工場Aにとっては最悪で、工場Bにとっては最高の結果である右上の「工場Aのみ出資」では、工場AとBの利得はそれぞれ0と3になっています。

利得表を見れば、モデルの設定が全部わかります。次に、ゲームの結果を予測します。序章でも述べたように、私たちがこのゲームで遊ぶわけではありません。このゲームを工場Aと工場Bがプレーしたときに、どのような選択をするのか予測したいわけです。それでは、早速予測してみましょう。

3．結果を予測する：支配戦略

結果を予測する方法は色々ありますが、大事な点は序章で述べた通り「当事者の気持ちになる」ということです。ここでは工場（の経営者）の気持ちです。そこで、もう一度表2の利得表を見てみましょう。工場Aの気持ちになって、利得表を見てください。みなさんなら、どちらの戦略を取りたいですか？　例えば、「浄水場に出資する」を選んだとしましょう。工場Bも出資してくれれば利得は2ですね。でも、相手が出資してくれるならば、自分は出資せずに工場Bに浄水場を作らせたうえできれいな水を手に入れた方が、利得は3になります。さらに、もし工場Bが出資してくれなければ、自分1人で浄水場を建てないといけません。利得は0で最悪です。そうなならば、自分も出資せずに、水質汚染を甘受して利得1の方がまだ良い結果です。そうなんです。相手の工場がどんな選択をしたとしても、浄水場に出資しない方が良いのです。

このように、相手の選択によらず、常に他の戦略より高い利得を与えてくれる戦略のことを**支配戦略**と言います。このゲームでは、工場Aにとっては「出資しない」が支配戦略でした。さらに、工場Bは同様の利得を持っているので、工場Bの支配戦略も「出資しない」です。このような支配戦略があれば、その支配戦略を選ぶことが最適です。つまり、「支配戦略があるならば、プレーヤーはその支配戦略を選ぶはずだ」と予測できるわけです。このゲームでは、両工場ともに支配戦略である「出資しない」を選ぶと予測できるわけですから、予測される結果は「両工場とも浄水場に出資しない」になります。支配戦略を用いた予測に関して、まとめましょう。

●支配戦略

相手がどの戦略を選んだとしても、常に他の戦略より高い利得を与える戦略のことを支配戦略と言う。支配戦略が存在する場合には、プレーヤーは支配戦略を選ぶと予測できる。

両工場が浄水場に出資しないことで、水質汚染が生じ、環境が破壊される結果になってしまいました。両工場は、環境の破壊を目的にしていたわけではありません。現に、両工場にとって最も良い結果と、2番目に良い結果は、浄水場を設立し水質汚染を止める結果でした。しかし、工場は「自分1人で浄水場に出資したくない」と思っていますし、さらに相手が出資した場合には「じゃあ、俺はいいや」と思ってしまいます。つまり、相手に出し抜かれるのは嫌で、かつ相手を出し抜きたいと思っているわけです。このようにプレーヤーが相手を「出し抜く」インセンティブを持っている場合、両工場は協力し合って浄水場を作ることはできずに、環境破壊を止められない可能性があるわけです。この結果は、望ましい帰結とは言えません。確かに環境破壊は良くないことです。でもそれだけではなく、ゲーム理論では明確に、この結果は両工場にとって悪い結果だと言える基準があります。次に、結果が望ましいか否かを考える基準に関して考えてみましょう。

4．望ましさの基準：パレート最適性

結果の望ましさを考える基準というと、様々な基準があり得るのですが、ゲーム理論や経済学で頻繁に使われる基準に**パレート最適性**（パレート効率性）という基準があります。パレートと言うのは、イタリアの経済学者の名前です。端的に言えば、パレート最適性とは「無駄をなくそう！」という考えに基づいています。例えば、１００万円を10人に配りたいと考えているとしましょう。10人の人々はできるだけ多くのお金をもらいたいと考えているとします。このとき、「1人につき9万円ずつ配る」という結果は、総額90万円しか配布できず、残りの10万円は捨てることになります。無駄な10万円が出てきてしまいますね。よって、これはパレート最適ではない結果です。一方で、「1人につき10万円ずつ配る」という結果は、１００万円をしっかり使い切ることができます。ですので、この結果はパレート最適です。もう少し具体的に定義しましょう。

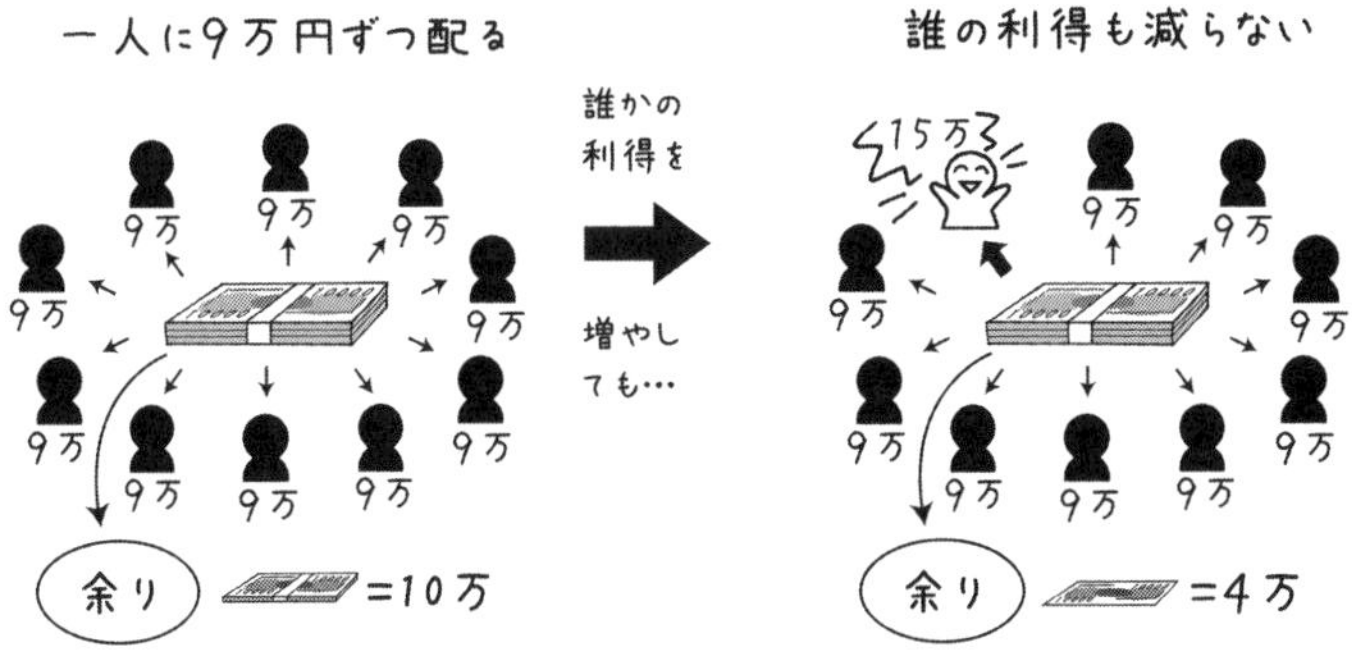

「一人に9万ずつ」はパレート最適ではない

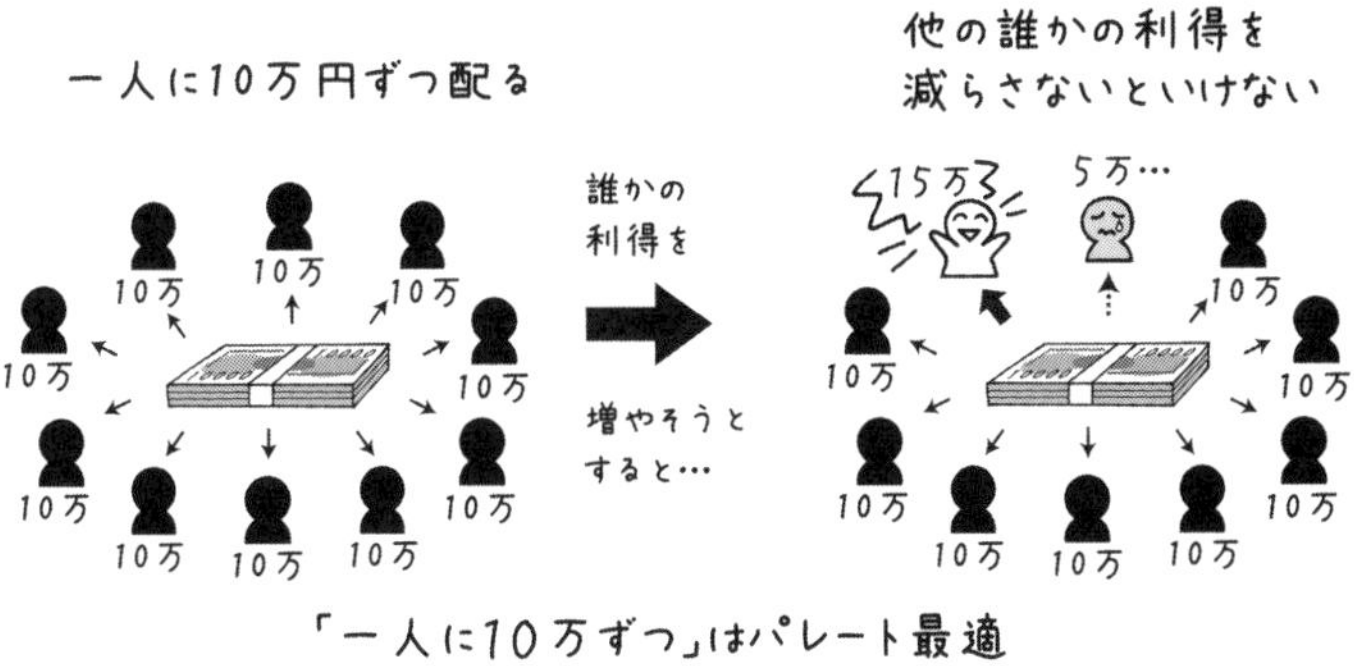

「一人に10万ずつ」はパレート最適

● パレート最適

パレート最適であるとは、他の誰かの利得を下げない限り、誰かの利得を高めることができない（誰かの利得を増やせば、他の誰かの利得が必ず下がる）状態のことを言う。

例えば、「1人につき9万円ずつ配る」という結果を考えてみましょう。この結果から、「1人につき10万円ずつ配る」という結果に変えたならば、全員の利得が高まるので、誰の利得も下がりませんね。また、余った10万円を誰か1人にあげたとしても、他の人の利得を下げずに、もらった人の利得を高めることができます。よって、「1人に9万円配る」という結果はパレート最適ではありません。捨てる10万円を有効活用することで、誰も傷つけずに利得を高めることができるからです。

次に、「1人につき10万円ずつ配る」という結果を考えてみましょう。このとき、「1人に9万円ずつ配る」なんて結果に変えれば、全員の利得が下がってしまいます。他の配り方も考えられますが、誰かが得る配分額を増やすためには、他の誰かの10万円を減らさないといけません。10万円から減額された人の利得は下がってしまいます。「1人に10万円配る」という配分下では1００万円を使い切って無駄がないわけですから、誰かの利得を増やせば、必ず同時に利得が下がる人が出てくるわけです。よって、「1人につき10万円ずつ配る」はパレート最適な結果になります。

それでは、表2の利得表に戻りましょう。予測された結果は「両工場ともに浄水場設立に出資しない」でした。このときの利得は、両工場ともに1でしたね。ここから、「両工場ともに出資する」という結果に変わった場合、両工場の利得は2に高まります。利得が下がるプレーヤーはいませんね。よって、「両工場ともに出資しない」という予測された結果はパレート最適ではありません。

一方で、「両工場ともに出資する」という結果を考えてみましょう。利得はともに2です。もちろん、ここから「両工場ともに出資しない」に変われば、利得は1に下がってしまいます。また、いずれかの「片方のみ出資する」という結果に変わった場合、出資しなくなる工場の利得は高まりますが、出資したままの工場の利得は下がります。よって、誰かの利得を高めるには、他の誰かの利得が下がることになり、「両工場ともに出資する」という結果はパレート最適です。

環境破壊が進むことで自分自身の首を絞めることになることがわかっているにもかかわらず、それでも環境破壊を進めてしまう背景が見えてきました。人々は相手を出し抜いてやろうと画策した結果、パレート最適ではないという意味で「悪い」結果に陥っているわけです。このモデルのプレーヤーは、冒頭のミステリー小説で探偵が指摘したように、「愚か者」というわけではありません。単に、自身にとって最適な行動を取っているだけです。その結果、工場は協力することなく、水質汚染を防ぐ浄水場を設立できませんでした。地球温暖化においても、本来は多くの国々で協調して対策すべきなのですが、二酸化炭素を多く排出することが支配戦略になっている可能性があります。また、生物資源などの過剰な捕獲は生物多様性の喪失につながりますが、それでも多くの業者は協調することなく、相手を出し抜いてより多くの資源を捕獲するという支配戦略を選んでいるのでしょう。私たちの周りの緑が失われていくのも、多くの開発業者が協力することなく、より多くの住宅を建てて売り上げを得ようとした結果と言えます。このように、個々のプレーヤーが最適な行動を取った結果、最悪の結果に陥っていくわけです。

5．環境破壊の解決策

それではパレート最適ではない結果から、より良い結果に変えることはできるのでしょうか。この場合、「両工場とも出資しない」よりも良い結果に変えたいわけですから、両工場とも利得が1から2に改善する「両工場とも出資する」に変えたいことになります。一つの簡単な方法が、浄水場への出資を強制することです。法律などで、出資しなかった場合には罰則を与えるわけですね。例えば、出資を拒んだ場合には、大きな罰金刑に処せられるとします。この罰金の大きさは、利得の大きさで2としましょう。つまり、出資しなかった工場の利得が2だけ小さくなるということです。両工場とも出資しない場合には、元々の利得は1でしたから、罰金を科された後は1－2＝-1となります。また、相手にだけ出資させて自分は出資していなかった場合の利得は3だったので、罰金を科された後は3－2＝1となります。このように利得を変えて利得表を作

表3：罰則がある場合の利得表

		工場B	
		浄水場に出資	出資しない
工場A	浄水場に出資	2,2	0,1
	出資しない	1,0	-1,-1

り替えたものが表3の利得表です。

　このゲームにおける支配戦略を工場の気持ちになって探してみましょう。相手が出資してくれる場合、自分も出資すれば2の利得で、出資を拒めば利得は1になってしまいます。出資した方が良さそうですね。さらに、相手が出資してくれない場合、自分が出資すれば利得は0で、出資しなければ-1ですから、この場合でも出資した方が良いです。相手の戦略によらず出資した方が利得は高いので、両工場にとって「浄水場に出資」が支配戦略です。よって、予測される結果は「両工場とも浄水場に出資する」になります。さらに、前節で議論したようにこの「両工場ともに出資する」はパレート最適な結果です。パレート最適である「両工場とも出資する」という結果になると予測されるわけです。環境問題も解決しますし、社会的ジレンマも生じませんね。

　このようにゲームのルールを変えることで、プレーヤーの行動を変え、より良い結果を実現しようとすることを**制度設計**（メカニズムデザイン）と言います。ゲームのルールは、社会で言えば様々な制度であると言えます。そして、その制度（ルール）が変われば、人々のインセンティブや行動も変わります。その結果、実現する結果も変わっていくかもしれないわけです。

　このような罰則を与える主体は、主に政府でしょう。政府が、浄水場の設置を義務化するなど、環境保全に取り組むルールを定め、それに従わない企業や個人に罰則を与えるようにするわけです。その結果、環境破壊を抑えるような結果に変えることができるかもしれません。しかし、現実はそう簡単にはいきません。環境保全に取り組むことを支配戦略にするためには、環境破壊を行った者に十分な罰則を与える必要があります。罰則が小さすぎれば、うまくはいきません。また、政府が企業や工場と癒着していれば、環境破壊を許容してしまうかもしれません。さらに、2つの工場の間の問題であればその国の政府が介入できますが、世界規模の環境破壊は国と国の間の問題です。国際機関が一国に対して十分な大きさの罰則を与えることは難しいのが現状でしょう。世界規模の環境破壊は、解決がとても難しいと言えます。

6．パレート最適性と公平性

表2の利得表で、片方の工場だけが出資するという結果がパレート最適かどうかを議論していませんでしたね。結論から先に言うと、パレート最適な結果です。例えば、「両工場が出資する」という結果に変わった場合を考えましょう。この場合、元から出資していた工場の利得は

上がりますが、出資していない工場の利得は３から２に下がります。また、「両工場が出資しない」という結果に変わった場合も、元から出資していなかった工場の利得は３から１に下がります。「片方だけ出資」という結果の下では、出資していない工場は最も高い利得を得ているため、他の結果に変わると利得が下がってしまうわけです。よって、「片方のみ出資」はパレート最適な結果になります。

　でも、これでは不公平に見えますよね。出資している工場を犠牲にして、出資していない方のみが儲けているわけですから、これで望ましい結果と言うのも妙な話です。でも、パレート最適と公平性は全く別の考え方です。パレート最適はあくまで、「無駄をなくそう！」と言っているだけで、公平性に関しては何も言っていません。極めて不公平に見えるような結果でもパレート最適になり得るのです。

　ここで、１００万円を10人で分ける状況を再び考えてみましょう。「１人に10万円ずつ配る」はパレート最適でしたし、公平にも見えますね。それでは、公平には見えない「１人に１００万円与える」という結果はパレート最適でしょうか。１００万円は使い切っています。ここから、他の誰かにあげる金額を高めていけば、当初１００万円もらっていた人の額を下げていくしかありません。より高い金額をもらえた方がより好ましいのならば、この１００万円をもらっていた人の利得は下がってしまいます。誰かの利得を高めるには、この１００万円をもらっている人の利得を下げないといけないため、「１人に１００万円を与える」はパレート最適な結果です。他にも、「5人にだけ20万円ずつ与える」や「2人にだけ50万円ずつ与える」、あるいは「5人には1万円与え、残りの5人には19万円与える」なども、パレート最適な結果になります。100万円を使い切っており、誰かの利得を高めるためには、他の誰かの利得を下げないといけないためです。

このように、公平に見えない結果でもパレート最適になることがあります。あくまでパレート最適性は無駄が無いようにするためのものです。よって、どんな分け方であっても100万円を使い切っていれば、パレート最適になります。ただし、「パレート最適性という基準は、社会が不公平・不平等であっても良いと考えている」というわけではありません。パレート最適性は、公平性に関し、何も要求していないだけです。公平性を考えたければ、公平性に関する他の基準を持ってきて議論をすべきでしょう。その意味で、パレート最適性は、「社会にとっての望ましさ」を議論する際に、最低限満たすべき基準であり、パレート最適性だけを満たしているだけで、社会的に望ましいと言いきれるわけではありません。この社会的望ましさを決める基準のあり方については、7章で詳しく議論します。

7．囚人のジレンマ

両プレーヤーの利得を高めることができるパレート最適な結果が他にあるにもかかわらず、

個々人が最適な行動をとった結果、パレート最適ではない結果が生じるという状況は、**囚人のジレンマ**と呼ばれます。囚人のジレンマは、ゲーム理論で最も有名な例と言えるでしょう。以下のようなお話です。

2人の容疑者が別々の部屋で取り調べられている。決定的な証拠に欠けているため、有罪にできるかどうかは容疑者の自白に頼るしかない。しかし、易々と自白してくれるとは思えない。そこで、警察は自白をすれば罪を軽減するという司法取引を持ち掛けた。具体的な内容は以下の通りである。もし容疑者が自白した一方で、もう1人が自白しなければ、自白した方は無罪放免ではあるが、自白しなかった方は懲役5年とする。また、両者ともに自白しなかった場合には、両者ともに軽微な罪で懲役1年とし、両者ともに自白した場合には、両者ともに懲役3年とする。自身の懲役期間を短くしたい容疑者は、どう行動するだろうか。

このゲームを利得表にすると、表4になります。2人のプレーヤーのことは囚人Aと囚人Bと名付けましょう。戦略は「黙秘」をするか「自白」をするかの2つだけです。囚人たちにとって懲役期間は短いほど良いわけですから、短いほど利得を高くしなくてはなりません。この場合、懲役期間にマイナスをつけたものを利得として使えば、懲役期間が短いほど利得が高くなってくれます。表4の利得表では、この懲役期間にマイナスをつけたものを利得として用いています。

表 4：囚人のジレンマの利得表

		囚人B	
		黙秘	自白
囚人A	黙秘	-1，-1	-5，0
	自白	0，-5	-3，-3

それでは、囚人の気持ちになって結果を予測してみましょう。相手が黙秘しても自白しても、自分は自白をした方が、利得が高くなります。よって、両囚人にとって「自白」が支配戦略です。両者とも自白することが支配戦略ですから、予測される結果は「両者とも自白する」で、懲役期間は両者とも3年となります。しかし、「両者とも黙秘する」という結果に変われば、両者の利得は-3から-1に高まります。よって、「両者とも自白する」という結果はパレート最適ではありません。つまり、両者が黙秘すれば懲役1年で済みますが、それぞれが自分の刑を軽くしようとしたことで逆に刑が重くなってしまう矛盾が生じています。これを「囚人のジレンマ」と呼んでいます。

表2の環境破壊のゲームでも同じようなことが生じていましたね。このように、支配戦略を選択することでパレート最適ではない結果になることを「囚人のジレンマ的状況」などと言うことがあります。

探偵からの挑戦状

ある日警察から、「容疑者が賄賂を刑事に渡して刑を軽くしてもらっている疑惑が生じているので調べてほしい」という依頼が来た。ぼくは、「司法取引（7節参照）で十分な便宜を図っているなら、賄賂は用いられないはずですよ」と答えたのだが、その理由を考えてほしい。囚人のジレンマのゲームにおいて、囚人Aは「賄賂を渡す」という選択肢を持っていると考えてみよう。0.5の利得分の賄賂を渡せば、相手が黙秘している限り無罪になる。でも、相

囚人B

囚人A		黙秘	自白
	黙秘	-1 , -1	-5 , 0
	自白	0 , -5	-3 , -3
	賄賂	-0.5 , -5	-5 , 0

手が自白してしまえば、賄賂を渡しても自分は有罪になってしまう。前のページの利得表で示されているこのゲームの支配戦略を見つけてみたまえ。予測される結果、そしてパレート最適な結果はどれかわかるかな。

答え

囚人Aの支配戦略は自白、囚人Bの支配戦略も自白のままだ。よって、予測される結果は「両者とも自白」ということになる。これを、（自白、自白）と表記しよう。

やはり、司法取引で十分に減刑がされる限り、賄賂は実際には使われなさそうだ。

パレート最適な結果は、（黙秘、黙秘）、（黙秘、自白）、（自白、黙秘）、そして（賄賂、自白）だ。（賄賂、黙秘）は（自白、黙秘）に移ることで、囚人Bの利得を変えずに、囚人Aの利得を高めることができるため、パレート最適ではない。

「よし、わかった！　犯人は、孫の清一郎《せいいちろう》に違いない！」

確たる容疑者が見いだせずに数日が過ぎる中、鬼瓦警部は何やらひらめいたらしい。「鬼瓦《おにがわら》」は彼の顔から来るあだ名であり、本当の名前は木場《きば》と言う。検挙率1位を誇る警部だが、その裏に探偵がいることは公然の秘密である。鬼瓦警部は自信満々に続ける。

「清一郎は若いころの栄龍に似て才気に溢《あふ》れ、新たな事業を構想していた。有望な事業で、投資家たちも興味津々だったが、どうも自分に似すぎている清一郎のことを気に食わなく思っていた栄龍が、裏から手を回して実現できなかったという噂だ。栄龍さえいなければ、事業を成功させられたのに。そのことで祖父の栄龍を恨んだに違いない！」

探偵は軽く微笑みかけると、諭すように話しかけた。

「有望な事業だったら必ず成功する、というのは少し純粋すぎやしませんか。どんなに有望でも、うまくいかないなんてことも往々にしてあるものです。それは、誰かの陰謀などではなく……」

第2章 「もしかしたら」が招く悲劇

新しい事業を成功に導くためには、多くの人々がその事業から利益を得る必要があります。多くの人々とは事業を運営する企業だけではなく、その事業が提供する商品やサービスを購入する消費者や、その事業に投資する投資家などが含まれます。しかし、その大勢の人々が事前に協議をして事業を成功に導くか否かを決めるわけではありません。消費者は消費者で、投資家は投資家で、個々で考えながら、意思決定を行います。その際に、他の人たちの行動を予想することが、とても重要になってきます。

例えば、電気自動車を考えてみましょう。電気自動車は環境に優しく、燃料費も安く、そして騒音も少ない優れた自動車です。ただし、小まめな充電が必要となります。よって、電気自動車の普及のためには、充電スタンドの整備が欠かせません。自宅に充電スタンドがあるだけではなく、ガソリンスタンドや商業・宿泊施設でも整備が進んでくれないと、旅行などに使えるか不安で電気自動車を購入する決断を下しづらいでしょう。一方で、充電スタンドを設置する商業・宿泊施設側は、それなりに費用をかけて設置することになります。よって、十分な数の消費者が電気自動車を買ってくれないと、充電スタンドを設置しても費用を回収することができません。以上から、消費者は施設の、そして施設は消費者の行動を予想しながら意思決定を行っていくことになります。

それでは、十分な数の消費者が購入を考え、十分な数の施設が充電スタンドの設置を考えていれば、電気自動車は普及するのでしょうか。実は、そんな簡単な話ではありません。本章では、同時決定のゲームを用いながら、「事業が有望であっても失敗してしまうのはなぜか」という謎を考えていきましょう。

1．電気自動車の普及をゲームにしてみる

まずプレーヤーが誰かを決めましょう。消費者と施設が意思決定を行う主体ですが、実際には多数の消費者や施設が存在します。しかし、大勢のプレーヤーとなると分析が大変になってしまいますよね。よって分析を簡単にするために、消費者という1人のプレーヤーと、施設というもう1人のプレーヤーの、2人のプレーヤーのゲームにしてしまいましょう。次に、プレーヤーの

表1：電気自動車普及ゲームの利得表

消費者＼施設	設置	設置しない
購入	5，5	-2，0
購入しない	0，-2	0，0

戦略を決めます。消費者は電気自動車を「購入」するか「購入しない」かを決めます。一方で、施設は電気自動車の充電スタンドを「設置」するか「設置しない」かを決めます。それでは、意思決定の順番はどうしましょうか。消費者と施設は綿密に議論を重ねて意思決定をするわけではないので、ここでも同時に意思決定しているようなものだとして分析することにしましょう。また、「プレーヤーが知っていること」ですが、新規事業には不確実なことが多々あるものの、ここでは有望な事業が失敗する理由を分析していきたいので、単純に両プレーヤーは利得を含めたゲームの設定をすべて知っていると考えます。

　最後に、プレーヤーが最終的に得る利得を決めます。まず「購入しない／設置しない」を選んだ場合は、消費者も施設も今の状況を単に続けるだけですので、相手の選択にかかわらず、利得は0とします。次に、消費者が「購入」を選び、施設が「設置」を選んだ場合を考えてみましょう。消費者は十分な数の充電スタンドがあるため、電気自動車を安心して購入することができます。また、施設も十分な収入を得ることができますね。両者にとって最も好ましい結果となり、両者とも利得5を得るとしましょう。しかし、消費者が購入したにもかかわらず、施設が充電スタンドを設置しなかった場合、消費者は自由に電気自動車を乗り回すことができません。よって、消費者の利得は-2とします。一方で、施設が充電スタンドを設置したにもかかわらず、消費者が購入しなかった場合、施設は設置費用だけを損してしまうため-2の利得になるとします。

以上の設定を利得表にまとめると、表1になります。ここで、消費者の利得を見てください。施設が「設置」を選んだ場合は、「購入」（5の利得）の方が「購入しない」（0の利得）より利得が大きいですね。しかし、施設が「設置しない」を選んだ場合には、「購入しない」（0の利得）の方が「購入」（-2の利得）より利得が大きくなります。よって、支配戦略はありません。施設にとっての支配戦略も、同様に存在していません。これでは1章で行ったような分析ができません。支配戦略がない場合には、どのように分析すればよいのでしょうか。

2. 結果を予測する：最適反応とナッシュ均衡

2.1 最適反応

ゲームの結果を予測する方法として、**均衡**という概念が用いられることが多くあります。均衡とは、一般的には、物事の間で力や重さが釣り合うことで、そこから動くことがない安定した状態のことを言います。同様にゲーム理論でも、誰も戦略を変えるインセンティブを持たない状態のことを均衡と言います。そこから誰も動こうとしない安定した状態であるということです。誰かが戦略を変えたくなるような状態が、そう何度も生じるとは考えにくいですよね。実際に生じると予測される状態は、誰も戦略を変えようとはしない安定した状態だと考えられるわけです。

ゲーム理論で用いる均衡概念には、色々な種類があります。ゲームの設定や、分析したいことによって、適した均衡概念は異なってきます。今考えているゲームは、同時決定のゲームです。その同時決定のゲームで、最も用いられる均衡概念が**ナッシュ均衡**です。名前の由来となったジョン・ナッシュはアメリカの数学者で、１９９４年にノーベル経済学賞を受賞しています。『ビューティフル・マインド』という２００１年の映画で、彼の半生が描かれました。このナッシュ均衡とは何かを理解するためには、**最適反応**という概念を知っておく必要があります。

●**最適反応**

与えられた他のプレーヤーの戦略に対して、最大の利得をプレーヤーにもたらす戦略のこと。

例えば、じゃんけんを考えてみましょう。勝負に勝ちたいと思っているならば、相手がグーを選んでいるとき、パーを選べば勝つことができます。このとき、「グーに対する最適反応はパーである」と言います。相手がパーならチョキが最適反応になり、相手がチョキならグーが最適反応です。このように、相手の戦略を与えられたものと考えたうえで、その相手の戦略に対して最も高い利得をもたらす最適な戦略を最適反応と言うわけです。ここで、相手が実際にその戦略をとるか否かは重要ではないことに気を付けてください。相手の戦略は与えられたものと考えて分析をしていきます。「相手がグーを選んだ」という状況を与えたうえで、そのグーに対する最適な戦略を探すわけです。

最適反応の定義では、相手の戦略を「与えられた」ものとして考えてから分析をしていました。この「与えられた」という意味が、よくわからないかもしれませんね。これは、相手が特定の戦略を選択すると予想している状況であると考えてみてください。つまり、「相手はグーを出すだろう」と予想していることが、「相手の戦略はグーであると与えられている」ということです。そして、この予想下ではパーを出せば最も高い利得であると考えられるため、パーが最適反応になるわけです。そして、あり得るすべての予想の下で、何が最適反応になるのか検証していくことになります。

さて、それでは電気自動車の例に戻り、それぞれのプレーヤーの最適反応を見ていきましょう。まずは、消費者の最適反応を考えていきます。相手のプレーヤーである施設が「設置」を選んだと消費者が予想した場合から考えてみましょう。このとき、消費者が「購入」を選べば5の利得が得られる一方で、「購入しない」を選ぶと利得は0になってしまいます。よって、消費者

表2：最適反応とナッシュ均衡

		施設	
		設置	設置しない
消費者	購入	⑤ , ⑤	-2 , 0
	購入しない	0 , -2	⓪ , ⓪

が「施設は設置を選ぶ」と予想しているならば、「購入」が最も高い利得を与えると思うことになります。よって、「設置」に対する消費者の最適反応は「購入」です。表2では、その最適反応を選んだときの利得に○をつけています。消費者が購入し、施設が設置したときの消費者の利得5に○がつけてありますね。次に、施設が「設置しない」を選んだと消費者が予想した場合を考えましょう。消費者は「購入」を選べば-2の利得を、「購入しない」を選べば0の利得を得ます。よって、「購入しない」の方が利得は高いので、「設置しない」に対する消費者の最適反応は「購入しない」ということになります。表2において、両プレーヤーが「購入しない」を選んだ場合の消費者の利得にも○をつけています。

次に施設の最適反応を考えていきます。相手のプレーヤーである消費者が「購入」を選ぶと予想した場合、施設は「設置」を選べば5の利得を、「設置しない」を選べば0の利得です。よって、「購入」に対する施設の最適反応は「設置」ということになります。次に、消費者が「購入しない」を選ぶと予想した場合、施設は「設置」を選べば-2の利得を、「設置しない」を選べば0の利得です。よって、「購入しない」に対する施設の最適反応は「設置しない」ということになります。表2では、最適反応をとったときの施設の利得にも○をつけています。

2.2 ナッシュ均衡

最適反応が理解できれば、ナッシュ均衡を見つけることは難しくはありません。

> **● ナッシュ均衡**
> すべてのプレーヤーが最適反応を選択している状態のこと。

表2において、両プレーヤーとも最適反応をとっている状態を探してみましょう。最適反応のときの利得に○をつけているので、どちらのプレーヤーの利得にも○がつけてある状態を探せば、ナッシュ均衡が見つかります。この利得表では、2つあります。そのうち1つが、消費者が「購入」を選び、施設が「設置」を選んだ場合です。このとき、例えば消費者が「購入」から「購入しない」に戦略を変えたとしましょう。そうすると、消費者の利得が5から0に下がってしまいます。ですので、消費者は単独で戦略を変えるインセンティブを持ちません。当然、施設も戦略

を「設置しない」に変えれば、同様に利得が5から0に下がるため、戦略を単独で変えるインセンティブを持ちません。誰も戦略を変えるインセンティブを持たない安定した状態なので、均衡であると言えるわけです。

もう1つナッシュ均衡がありますね。両プレーヤーが「購入しない／設置しない」を選んでいる状態です。この状態から、単独で戦略を「購入」や「設置」に変更しても、利得は0から-2に下がってしまいます。この状態からは、誰も戦略を変えるインセンティブを持ちません。よって、均衡になるわけです。以上の分析から、このゲームには以下の2つのナッシュ均衡が存在していることがわかります。

均衡①　電気自動車が普及する（消費者が購入し、施設が設置する）均衡
均衡②　電気自動車が普及しない（消費者は購入せず、施設も設置しない）均衡

このように、ナッシュ均衡は1つとは限りません。2つ以上になる場合もあります。さらに、このゲームでパレート最適と言える結果は、消費者が購入し、施設が設置する、①の均衡のときのみです。両者とも最も高い利益を得る状態だからです。②の均衡はパレート最適ではありません。よって、このゲームにはパレート最適な均衡である①と、パレート最適ではない均衡である②が存在することになります。

3．協調の失敗

電気自動車のモデルでは、均衡①と②の2つの均衡が存在していました。このように複数の均衡が存在する場合、実際に生じるのはどの均衡でしょうか。それは、相手の戦略をどう予想するかによります。例えば、電気自動車が普及する均衡①を考えてみましょう。このとき、消費者は「施設が充電スタンドを設置してくれるはずだ」と予想しているからこそ、安心して電気自動車を利用できると思い購入を決断しています。一方で、施設も「消費者が電気自動車を購入してくれるはずだ」と予想しているからこそ、十分な収益が見込めると思い充電スタンドの設置を決断しています。そして、結果としてこの均衡が実現すれば、両者が抱いていた予想は正しかったことになります。このように、お互いに「相手も電気自動車の普及に寄与するはずだ」と予想し合うならば、①の電気自動車が普及する均衡が実現することになります。

次に、両者ともに「購入しない／設置しない」を選んだため電気自動車が普及しない均衡②を考えてみましょう。この場合、消費者は「施設は充電スタンドを設置しない」と予想しており、施設も「消費者は購入してくれない」と予想しています。よって、両者ともに「電気自動車なんか普及しないだろう」と思ってしまうため、どんなに電気自動車が魅力的なものであったとしても、購入を控えたり、充電スタンドの設置を避けたりしてしまうわけです。そして、結果として均衡②が実現すれば、両者の予想は正しかったことになります。

均衡は、「プレーヤーが単独で戦略を変えようとしない状態」であると説明しました。均衡にはもう一つ特徴があります。それは、「プレーヤーが抱いた予想が、実際に実現する状態」であるということです。プレーヤーの予想が外れていたとしましょう。その場合、プレーヤーがとった戦略は誤った予想に基づくため、実際には最適なものではないかもしれません。その場合、プレーヤーは予想と戦略を変えようとするでしょう。よって、安定的に生じる状態であるとは言えなくなるため、均衡ではないことになります。均衡では、行動だけでなく予想も、安定的になる必要があるわけです。そして、プレーヤーが抱く予想によって、実現する均衡も異なってくることになります。

しかし、このゲームでは電気自動車が普及する均衡①が唯一のパレート最適な結果でした。普及しない均衡②は、両者にとって好ましくない均衡のはずです。それでも、「もしかしたら、あまり多くの消費者は買わないかもしれない」と思ったり、「もしかしたら、あまり多くの施設は充電スタンドを設置してくれないかもしれない」と思ったりすることで疑心暗鬼になった結果、このような好ましくない均衡が生じる可能性があります。これを**協調の失敗**と言います。実際にはより良い均衡があるにもかかわらず、「もしかしたら」という相手に対する不信感から、結果として悪い均衡に陥っていくという意味で、協調することに失敗をしているわけです。探偵の言う通り、有望な事業であっても「もしかしたら」と思われることでうまくいかないことはあり得そうです。その原因は、確かに必ずしも誰かの陰謀というわけではありません。

ここで「パレート最適ではない均衡②から、両プレーヤーが協力して均衡①に移ることができるじゃないか」と思われるかもしれません。もしそうならば、均衡②は安定的に生じるとは言えないようにも思えます。確かに均衡②にいるときに、2人で話し合って同時に戦略を「購入しない／設置しない」から「購入／設置」に変えることができれば、利得を0から5に高めることができます。しかし、このゲームにおいてプレーヤーは、それぞれ単独に、かつ同時に意思決定を行うと考えています。相手の選択は観察できないまま、意思決定をしないといけません。また、事前に協議できる状況を分析したいならば、その協議自体をゲームの中に取り入れて分析する必要があります。ここでは事前の協議などの話し合いの場は、考えていません。各プレーヤーは協力することができず、「相手が何を選ぶのか」を予想したうえで自分の行動を決めることになります。よって、均衡②では相手が「購入しない／設置しない」という予想をしている状況になり、その予想を覆すような話し合いや観察の機会はありません。そして、このような予想下では実際に「購入しない／設置しない」を選ぶことになるので、結果として予想も正しいことになり、予想も行動も安定的であるため、均衡の1つになるわけです。ナッシュ均衡を考える際には、プレーヤーの間で協力して同時に戦略を変えることはできない点を、忘れないでください。

4．その他の協調の失敗

電気自動車の例では、パレート最適な結果と、パレート最適ではない結果の２つの結果がナッシュ均衡になっていました。同様の特徴を持つケースは他にもあります。ここでは、２つの例を紹介しましょう。

4．1　平和交渉への入口

１つ目は、戦時下での平和交渉です。一国内で２つの集団が内戦を起こしていたとしましょう。2集団ともに内戦に疲弊し、平和交渉をして内戦を終わらせようとしているとします。ただし平和交渉をするためには、お互い武装解除や敵地からの撤退をしなければいけません。このとき、片方の集団だけ武装解除や撤退を行ってしまっては、相手がその隙をついて攻撃を仕掛けてくる可能性があります。

この状況をゲームにすると、プレーヤーは2つの集団になり、戦略は「武装解除」するか「攻撃」を続けるかの2つになります。武装解除して平和交渉をすれば両国とも利得は5である一方で、両集団が攻撃を続ければ利得は0とします。また、一方が武装解除をしているときに、もう一方が攻撃を仕掛けた場合、武装解除している側は大きなダメージを受けることで利得は-2にな

表3：平和交渉ゲームの利得表

		集団B	
		武装解除	攻撃
集団A	武装解除	⑤,⑤	-2 , 3
	攻撃	3 , -2	⓪,⓪

り、攻撃をした側はある程度の成果をあげられることから、利得は3になるとします。表3がこのゲームの利得表です。

表3を見ればわかるように、「武装解除」に対する最適反応は「武装解除」であり、「攻撃」に対する最適反応は「攻撃」です。よってこのゲームには、両集団とも武装解除する均衡と、両集団ともしない均衡の2つのナッシュ均衡があります。両集団とも平和交渉を行いたいのに戦闘が続くことから、武装解除をしない均衡はパレート最適ではない均衡です。お互いに、「もしかしたら相手は武装解除をしないのではないか」と疑心暗鬼になることで、戦闘が続くという好ましくない状態が均衡となってしまいます。

4.2　銀行の取り付け騒ぎ

銀行の取り付け騒ぎも、同様の設定で説明されることがあります。取り付け騒ぎとは、大勢の預金者が銀行の窓口に駆けつけ、多額の預金を引き出す騒動のことです。窓口で預金全額を

表4：取り付け騒ぎゲームの利得表

		預金者B	
		何もしない	取り付け
預金者A	何もしない	⑤, ⑤	0, 4
	取り付け	4, 0	②, ②

引き出す行為を「取り付け」と言うことから、この名前になっています。現金不足となった銀行は、倒産の危機に直面することになります。この取り付け騒ぎが倒産寸前の銀行で生じてしまうことは仕方がないのですが、実際には経営が健全でも生じたことがありました。

　単純に、2人の預金者が、取り付けをするか否かを決めるゲームを考えましょう。このゲームの利得表は、表4に示してあります。この銀行の経営は健全であるとします。よって、取り付け騒ぎがなければ、資産を守ることができます（利得5）。しかし、1人でも「取り付け」を選ぶと、銀行は経営危機に陥るとしましょう。自分だけが取り付けをすると、自分の資産はある程度守ることができ利得は4ですが、2人とも取り付けをすると大きく資産は目減りし、利得は2になります。最後に、相手が取り付けをしているのに自分は取り付けをせずに乗り遅れると、資産はすべて失われて利得0になるとします。

「何もしない」に対する最適反応は「何もしない」であり、「取り付け」に対する最適反応は「取り付け」ですね。よってこのゲームにも、ナッシュ均衡が２つあります。誰も取り付けをしないナッシュ均衡と、２人とも窓口に駆けつけ、取り付け騒ぎが生じるナッシュ均衡です。取り付け騒ぎが生じる均衡は、大きく資産が目減りすることから、パレート最適ではありません。誰も何もしなければ、資産が目減りすることもなく平和に過ごせるのに、取り付け騒ぎが生じる均衡が存在してしまうわけです。その理由は、預金者が「他の人が取り付けをするのではないか」と疑心暗鬼になるからです。

実際に生じた取り付け騒ぎも、疑心暗鬼がスタートになることがありました。例えば、１９７３年に起きた豊川信用金庫事件では、当時経営上何の問題もなかった豊川信用金庫に取り付け騒ぎが生じました。そのきっかけは、高校生が友人同士で会話しているときに言った、「信用金庫なんて危ないわよ」という冗談でした。強盗に入られる可能性があるため就職先としては危ないという冗談でしたが、「豊川信用金庫の経営が危ない」という噂に変わり広がったことで、取り付け騒ぎが生じたのです。ちょっとした冗談が人々の不信感につながり、最悪の事態を引き起こしてしまったわけです。

このとき銀行や政府が、どんなに銀行の経営状態に問題がないことを訴えても効果がないかもしれません。問題は経営状態そのものには関係なく、「もしかしたら他の人が取り付けをするかも」という、他者に関する予想から取り付け騒ぎが生じていることです。この不信感をなくさない限り、取り付け騒ぎは簡単には終わらないと言えます。

似たような事例として、新型コロナウィルス感染症の世界的流行が発生した２０２０年２月のトイレットペーパー買い占め騒動があります。「トイレットペーパーは中国製のため、感染拡大の影響で不足する」というデマが広がったためです。政府は何度もほとんどのトイレットペーパーは日本製であることを周知しましたが、買い占めはおさまりませんでした。これも「他の人が買い占めるのではないか」という疑心暗鬼から生じた協調の失敗だと言えます。

5. 囚人のジレンマ再訪

前章では、ナッシュ均衡という均衡概念を用いずに分析をしてきました。ここでは、前章で紹介したゲームのナッシュ均衡を求めてみましょう。表5に前章で議論した浄水場設置を巡るゲームを再掲しています。相手が「浄水場に出資」を選んだ場合、出資すれば利得は2である一方で、出資しなければ利得は3であるので、最適反応は「出資しない」です。そして、相手が「出資しない」を選んだ場合でも、最適反応は「出資しない」ですね。表5には最適反応をとったときの利得に○をつけています。「出資しない」は支配戦略であると、前章で説明しました。支配戦略は、相手の戦略によらず、常により高い利得を与える戦略です。ということは、支配戦略は、相手のどの戦略に対しても最適反応になっているということです。よって、このゲームでは「出資しない」が、相手のどの戦略に対しても最適反応になっています。

表5が示すように、このゲームのナッシュ均衡は両工場とも「出資しない」を選んでいる状態

表5：環境破壊ゲームのナッシュ均衡

		工場B	
		浄水場に出資	出資しない
工場A	浄水場に出資	2，2	0，③
	出資しない	③，0	①，①

です。これは、支配戦略を用いた分析と同じ予測です。ただし、ナッシュ均衡と支配戦略を用いた予測が一致するのは、両プレーヤーの支配戦略が存在している場合のみです。本章で議論したゲームでは、支配戦略はありませんでした。その場合、支配戦略を用いた予測では結果を絞り込むことはできません。一方で、ナッシュ均衡を用いれば、２つの結果まで絞り込むことができましたね。

6．協調の失敗の解決策

すべてのプレーヤーにとってより好ましい均衡が他にあるのに、パレート最適ではない均衡に陥ってしまうような協調の失敗は、できるだけ避けたいものです。それでは、協調の失敗を避ける手段はあるのでしょうか。前章で議論したように、囚人のジレンマ的状況下では罰金などを用いて、プレーヤーに協調行動をとらせる必要がありました。でも、ここではそこまで厳しい手法を用いずとも、パレート最適な結果を実現することができるかもしれません。なぜなら、パレート最適な結果となるナッシュ均衡も存在するからです。パレート最適ではないナッシュ均衡に陥っていたとしても、2人のプレーヤーが相手のことを信じることでパレート最適なナッシュ均衡に移ることができれば、問題は解決されるわけです。ここが、囚人のジレンマと大きく異なる点です。

　例えば、両プレーヤーの間に第三者が入ることで、両プレーヤーが相手を信じることを手助けすることができるかもしれません。内戦や戦争を終わらせるために、国際機関や第三国が交渉の仲介役として介入することが多くあります。このような第三者が入ることにより、両者の疑心暗鬼をなくし、パレート最適な均衡の戦略に変更させることができるわけです。また、第三者が入らずとも、両者の協議の中で解決できるかもしれません。ゲーム理論でも、「パレート最適な均衡の方が、パレート最適ではない均衡よりも実現しやすい」と考える場合があります。これは、事前の協議などから、パレート最適な均衡の実現に合意しやすいためです。

　しかし、電気自動車や取り付け騒ぎの場合には、第三者の介入や事前協議は難しいかもしれません。なぜなら、多くの人が関わっているからです。本章での分析では、どちらもプレーヤーは2人として分析してきました。しかし、実際には多くの消費者、多くの施設、多くの預金者がいると考えるべきでしょう。その場合、その多くの消費者や多くの預金者が全員で事前に協議することは難しいです。第三者も、大勢の人々の間に入って交渉することは至難の業です。この場合は、パレート最適な状態への移行は難しいかもしれません。

表6：充電スタンドの設置への補助金

		施設	
		設置	設置しない
消費者	購入	⑤，⑧	-2，0
	購入しない	0，①	⓪，0

第三者の介入や事前協議が難しいならば、制度を変えることで、人々の行動を変える必要があります。前章で議論した制度設計をする必要があるということですね。例えば、電気自動車では、政府が充電スタンドの設置費用への補助金を出しています。設置費用の負担が軽減されることで、万が一それほど多くの消費者が電気自動車を買わなかったとしても、ある程度の利益を得ることができるかもしれません。そこで、設置することで得られる補助金を3の利得分と考えましょう。そうすれば、消費者が購入を選ばなくても、施設は充電スタンドを設置することで-2＋3＝1の利得が得られます。また、消費者が購入を選んでくれた場合の利得は5＋3＝8です。このときの利得表は、表6に示しています。消費者の利得は変わっていないので、最適反応も変わりません。一方で、施設の最適反応は変わっています。「購入」に対する最適反応が「設置」であるだけではなく、「購入しない」に対する最適反応も「設置」になっています。つまり、「設置」が施設にとっての支配戦略になっているわけです。その結果、お互いに最適反応を取り合うナッシュ均衡は、「消費者が購入し、施設が設置する」という状態のみになりました。

表7：預金保護下の取り付け騒ぎゲーム

		預金者B 何もしない	預金者B 取り付け
預金者A	何もしない	⑤，⑤	⑤，4
	取り付け	4，⑤	4，4

両方のプレーヤーに補助金を渡さずとも、施設にのみに渡すことで、消費者も「十分な数の充電スタンドが設置されるだろう」と予想することができ、電気自動車が普及する状態のみをナッシュ均衡として実現できているわけです。

取り付け騒ぎを防ぐ制度としては、預金保険制度があります。万が一銀行が破綻したとしても、（1000万円までなら）預金が保護される制度です。表4の銀行取り付けのゲームで、預金が全額保護されると考えましょう。取り付けをしようがしまいが、預金は保護されます。ただし「取り付け」を選んだ場合には、窓口まで行って全額をおろすという手間があるため、その分利得は下がるとします。具体的には、取り付けをしなければ利得は5であり、取り付けをすれば利得は4としましょう。利得表は表7になります。相手が取り付けをしてもしなくても、常に「何もしない」が最適反応になっていますね。「何もしない」は同時に支配戦略です。よって、誰も何もせず、取り付け騒ぎが生じない状態がナッシュ均衡になります。預金保険制度は、取り付け騒ぎを避けるための重要な制度だと言えます。

探偵からの挑戦状

ぼくが調べたところ、被害者の孫の清一郎くんと養女である珠世さんは相思相愛であったらしい。しかし、お互いにその想いを告げることができないでいたとのことだ。

そこで、以下のような状況を考えてみよう。

2人は相手に「告白」するか「告白しない」か、を決める。どちらか一方が告白をしてくれれば、お互いの想いは成就するとしよう。成就すれば3の利得を得る。しかし、告白は勇気がいる行為であり、非常に大きな緊張を強いられる。よって、告白をする費用を1の利得分であるとしよう。つまり、告白したうえで成就したときの利得は2だ。そして、誰も告白せず想いが成就しなければ、利得は0とする。次の利得表で示されているこのゲームのナッシュ均衡を見つけてみたまえ。まずは、最適反応をしっかりと求めることを忘れずに。さて、2人の恋は成就するかな。ちなみに、このナッシュ均衡はパレート最適であるだろうか。

		珠世	
		告白	告白しない
清一郎	告白	2，2	2，3
	告白しない	3，2	0，0

答え

「告白」に対する最適反応は「告白しない」が、そして「告白しない」に対する最適反応は「告白」だ。よって、ナッシュ均衡は「珠世のみが告白」と「清一郎のみが告白」の2つあることになる。どちらか一方が勇気を出して告白すれば、両者の想いは成就することになるね。また、ナッシュ均衡は両方ともパレート最適である。ちなみに、これは「逢い引きゲーム」とも呼ばれる例の1つだ。しかし、まさか2人があんなことになるなんて。

「それ以上近づいたら、珠世を撃つぞ！」

静穏であるはずの湖のほとりに、怒号が響き渡る。交際相手の珠世に拳銃を突きつけた清一郎を、鬼瓦警部率いる警官隊が取り囲んでいる。重要参考人となった清一郎は、珠世を連れて逃げ出していた。普段は楽しそうに鳴いている鳥たちも、まるで様子を見ているかのように気配がない。

栄龍がまだ危篤状態に陥る前、孫の清一郎と度々激しく口論をしているのが目撃されている。今や彼は、容疑者の筆頭候補である。追い詰められた清一郎に、警官隊はいくつもの銃口を向けている。探偵は一歩一歩、彼の方に進んでいく。

「そんな意味のない脅しはやめたまえ、清一郎くん。君は珠世さんを撃つことはできない。なぜなら……」

その瞬間、館の方から大きな爆発音が轟いた。

第3章

「信じてもらえない」が招く悲劇

暴力を持って暴力を制す、というシーンですね。犯人らしき男が暴力を用いようとしているとき、警察も暴力を使う可能性を見せることによって、男を制しようとしているわけです。このような事態に直面することは日常生活ではないと思いますが、国際社会では多くあります。その代表が、核抑止論でしょう。核兵器を代表とする大量破壊兵器は、甚大な被害を与える兵器です。「我が国を攻撃したら核兵器を使うぞ」と脅すことによって、相手国に自国への攻撃を躊躇させるわけです。対立している二国がともに核兵器を持つことで、お互いに戦争を避けようとすることになります。つまり、最悪の兵器ともいえる核兵器の存在が平和をもたらすという、逆説的な状況になっているわけですね。

しかし、2022年2月に起こったロシアによるウクライナ侵攻は、欧米諸国とロシアの間での抑止が働かなかった「抑止の失敗」として受け止められることもあります。同時に、ロシアは核兵器の使用をちらつかせることで、この核抑止を戦略的に使いながらウクライナ侵攻を行ってきたという指摘もあります。それでは、核抑止はどのようなときに働き、そしてどのようなときに失敗するのでしょうか。

核兵器を使うか否かの判断は、同時決定ではありません。核兵器使用は最終手段ですから、あくまで相手の出方次第で用いるものです。つまり、相手国が自国に攻撃をしてきたときに、核兵器を用いるか否かの意思決定を行うことになります。よって、意思決定の時間軸を考えないといけません。時間軸を明示的に考えたゲームには、それを分析するのにふさわしい均衡概念があります。その代表的均衡概念である、**部分ゲーム完全均衡**を紹介しながら、「核抑止が失敗するのはなぜか」という謎を考えていきましょう。

1. 核抑止をゲームにしてみる：ゲームの木

これは国際社会におけるゲームなので、A国とB国の2つの国をプレーヤーとして考えましょう。最初に、A国がB国へ侵攻するための攻撃をするか否かを決めます。その決定をB国が見た後に、B国は核兵器を使用するか否かを決めます。ただし、A国の攻撃を受けていない場合に、B国が核兵器を使うことはないと考えます。あくまでA国に攻撃をされたときのみ、報復として

表1: 核抑止ゲームの設定

	A国	B国
何も起こらない	2番目に好ましい	最も好ましい
A国が侵攻（核兵器使用なし）	最も好ましい	最悪の事態
核兵器の使用	最悪の事態	2番目に好ましい

核兵器を使うか否かを決定します。戦争では何が起きるかわかりませんが、ここでは単純化の1つとして、各国は戦争や核兵器の利用などによる被害を正しく理解しており、利得を含めたゲームの設定をすべて知っていると考えましょう。

　最後に、プレーヤーの利得を決めないといけません。核兵器が使用された場合、核戦争が生じ、両国とも利得は-5になるとします。A国が攻撃をしたものの、B国は核兵器を用いずにA国に侵攻されてしまった場合、A国の利得は5である一方で、甚大な被害を受けたB国の利得は-10とします。最後に、A国は攻撃をせずに何も生じなかったときの利得は両国ともに0としましょう。つまり、利得の大小を考えると、それぞれの結果の好ましさの順番は、両国で表1のようになっているということです。

　このゲームの設定を視覚的にすぐに理解できる方法はあるでしょうか。このゲームでは、意思決定のタイミングの違いがありますが、利得表では時間軸を表現することができませんね。時間軸も含めて表現する方法として、**ゲームの木**があります。図1に、このモデルのゲームの木を示しています。

　ゲームの木は主に、枝と点の2つの要素でできています。図1の白い点は、それぞれプレーヤーが意思決定を行う箇所です。意思決定点とも言います。

図1：核抑止ゲームのゲームの木①

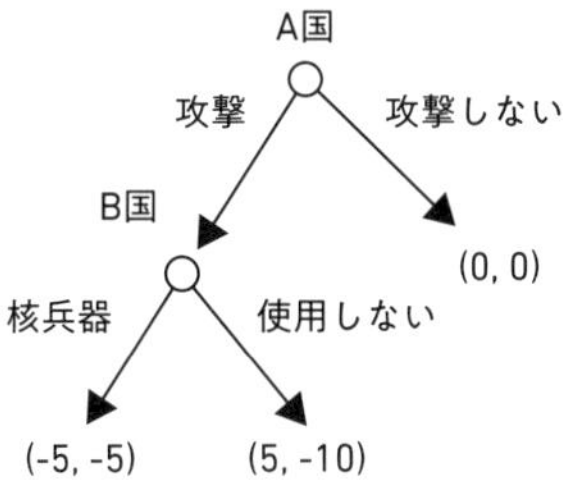

図1のゲームの木では一番上にある最初の点で、A国が意思決定を行っていますね。その点から枝が2本伸びています。それぞれの枝が、A国の戦略に対応しています。このゲームでA国は攻撃か否かを選択していました。それぞれの枝には、各戦略の名前が書かれています。このゲームでは、両プレーヤーが持つ戦略の数は2つずつなので、意思決定点から出ている枝の数も2つですが、戦略の数が増えると枝の数も増えていきます。各意思決定点で意思決定するプレーヤーは1人だけですし、各枝に割り振られる戦略の数も1つです。

A国が「攻撃しない」を選び何もしなければ、ゲームは終わりです。A国の「攻撃しない」の枝の先には、何も起こらないときの各プレーヤーの利得が示されています（両国の利得が0）。最初の数字はA国の、2つ目の数字はB国の利得です。意思決定をする順番が早いプレーヤーから順番に利得を示していきます。3人のプレーヤーがいれば3つの、4人いれば4つの利得が並ぶことになります。A国が「攻撃」を選んだ場合、次にB国が核兵器を使用するか否かを決定します。ですので、A国の「攻撃」の枝の先にB国の意思決定点があり、「核兵器」の使用と「使用しない」という2つの枝が出ています。そして「核兵器」の枝の先には核兵器が使用されたときの利得が（両国の利得が-5）、「使用しない」の枝の先にはA国が侵攻したときの利得が書いてあります（A国が5、B国が-10の利得）。

　このゲームの木で、プレーヤー、戦略、利得だけではなく、意思決定のタイミングまでわかりますね。時間軸があるゲームでは、このようなゲームの木を用いて分析していくことが一般的です。

2. 結果を予測する：部分ゲーム完全均衡

　それでは、このゲームの木で表現されたゲームの結果を予測してみましょう。重要な点は、「すべての意思決定点におけるプレーヤーの行動を分析する」ことです。例えば、核抑止のゲームで、もしA国が「攻撃しない」を選択した場合、B国の意思決定点に到達することはありません。しかし、当然ゲームの最初にA国は、「攻撃を選択したら何が起きるだろう」と考えるはずです。攻撃をした後にB国が何をしてくるか予想するわけですね。そのうえで、A国は意思決定をするはずです。ですので、B国の意思決定点に到達するか否かにかかわらず、B国の意思決定を分析しないことには、A国の選択に関する分析もしっかりとはできなくなります。

図2:部分ゲーム

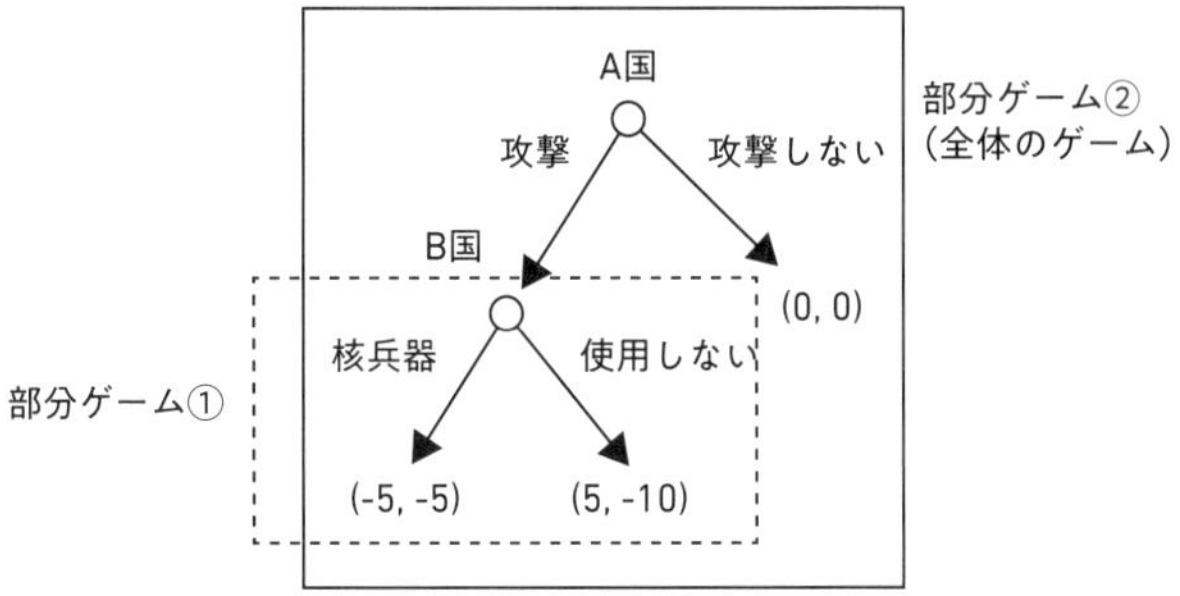

すべての意思決定点における選択を分析したうえで結果を予測する方法として、部分ゲーム完全均衡があります。**部分ゲーム**とは、1つの意思決定点からはじまり、そこから後につながっているすべてのゲームを取り出したものです。核抑止のゲームでは、B国の意思決定点の後を切り出すことができます。図2が示すように、これが1つの部分ゲームです。そして、A国の最初の意思決定点からはじまるゲーム全体も部分ゲームの1つだと考えます。よって、このゲームには2つの部分ゲームがあることになります。意思決定点が増えれば増えるほど、部分ゲームの数も増えていくことになります。**部分ゲーム完全均衡**とは、すべての部分ゲームでプレーヤーがナッシュ均衡の戦略を選んでいる状況のことを言います。しかし、図2のゲームでは部分ゲームは2つだけですが、部分ゲームが増えていくと分析が大変そうですよね。また、このような時間軸のあるゲームにおいてナッシュ均衡を求める方法は、ちょっとだけ難易度の高い話です。でも、安心してください。より

図3：核抑止ゲームの部分ゲーム完全均衡

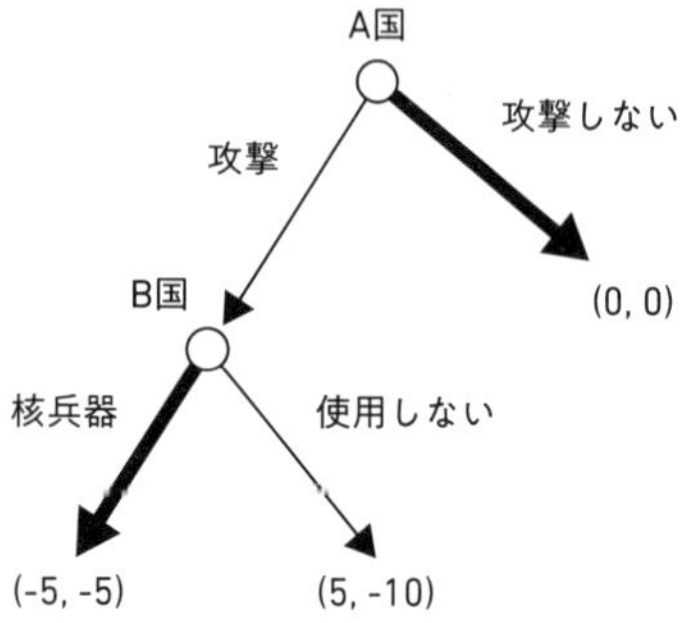

簡単に、部分ゲーム完全均衡を示す方法があります。それが、**後ろ向き帰納法**です。

後ろ向き帰納法という名前は仰々しいですが、方法は実に簡単です。以下のように、分析していきます。まず、最後に意思決定を行うプレーヤーに関し、そのプレーヤーの利得を最大化する戦略をみつけます。核抑止ゲームで、最後に意思決定を行うプレーヤーはB国でしたね。よって、B国の意思決定点を見てみましょう。ここで、B国が「核兵器」を選んだ場合の利得は-5です。一方で、「使用しない」を選んだ場合の利得は-10です。よって、B国にとって最適な選択は「核兵器」だとわかります。図3には、B国にとって最適な「核兵器」の枝を太くしたゲームの木を示しています。

次に、最後から2番目に意思決定を行うプレーヤーの意思決定に移り、そのプレーヤーの利得を最大化する行動を分析します。ただし、そのプレーヤーは、以降に意思決定を行うプレーヤーは全員それぞれの利得を最大化する選択をしている、と思っていると考えます。ここでは、最後から2番目に意思決定を行うA国は「最後に意思決定を行うB国は利得の最大化をしている」と予想しているということです。つまり、A国は「攻撃した場合、B国は核兵器の使用を選ぶはずだ」と予想したうえで、自身の利得を最大化するような戦略を選ぶと考えるわけです。A国が「攻撃」を選んだ場合、B国は核兵器の使用を選ぶと予想しているため、利得は-5になります。一方で、「攻撃しない」を選んだ場合、何も起こらないので利得は0です。より利得が高い戦略は「攻撃しない」ですので、図3で枝を太くして示したように、A国は「攻撃しない」を選びます。

A国は、ここでは最後から2番目のプレーヤーであると同時に、最初に意思決定を行うプレーヤーでもあったので、分析はここまでです。A国は「攻撃しない」を選び、B国は「核兵器」を選ぶことが、後ろ向き帰納法で示された結果でした。そして、後ろ向き帰納法で示された結果は、同時に部分ゲーム完全均衡であることが知られています。よって、このゲームの部分ゲーム完全均衡は「A国は攻撃せず、B国は核兵器を選ぶ」であることになります。そして、この均衡で予測される結果は「何も起こらない」という結果です。

ここでA国が攻撃を選択しない理由は、「B国が核兵器を使用する」と予想しているからでした。均衡では、A国は攻撃をしないため、B国が核兵器を使用するかどうかを実際に悩むことはありません。ただ、利得の状況からA国がそのように予想しているだけです。実際に使われることはおろか、使うかどうか悩むことすらないのに、単にB国が核兵器を所有し、攻撃されれば使用されると思われることにより、A国にB国への侵攻を諦めさせることができているわけです。つまり、核抑止が機能していることになります。冒頭のミステリー小説でも、清一郎は警官隊に囲まれており、凶行に及べばあっという間にハチの巣にされることが予想されます。清一郎もそう予想しているならば、探偵の言う通り、彼に珠世を撃つことはできないでしょう。

後ろ向き帰納法に関する議論を、少しだけ補足しましょう。意思決定者がまだいる場合や、何度も意思決定のタイミングがある場合には、最後から3番目の意思決定者、最後から4番目の意思決定者と、さかのぼっていく形で分析を続け、最初の意思決定者の分析まで行います。後ろ向きで解いていくので、後ろ向き帰納法という名前なんですね。ちなみに、「帰納法」の部分は数学的帰納法と似ているために使われているもので、「ちょっと違うんじゃないか」という指摘もありますが、今の段階では気にせずに先に進みましょう。後ろ向き帰納法と部分ゲーム完全均衡に関してまとめます。

● 後ろ向き帰納法

① 最後に意思決定を行うプレーヤーに関し、利得を最大化する戦略をみつける。

② 最後から2番目に意思決定を行うプレーヤーの意思決定に移り、利得を最大化する戦略をみつける。ただし、このプレーヤーは①の行動を予想していると考える。

③ 最後から3番目に意思決定を行うプレーヤーがいた場合、その意思決定に移り、利得を最

大化する戦略をみつける。ただし、このプレーヤーは①と②の行動を予想していると考える。

④ 以上を、最初に意思決定をするプレーヤーまで繰り返す。

➤ 後ろ向き帰納法の結果は、部分ゲーム完全均衡と同一

3. 抑止の失敗：コミットメント問題

前節のゲームでは、B国にとってA国から侵攻されることは最悪の帰結でした。しかし、A国から攻撃された結果、侵攻まで至るわけではなく、何らかの政策的妥協で解決できることもあります。この場合、核兵器を用いて全面的な核戦争をするよりも、政策的妥協をした方が良いとB国は考えるかもしれません。そこで、A国が攻撃し、B国が核兵器を使用しなかった場合のB国の利得を、-10ではなく-3としてみましょう。この場合のゲームの木は、図4に示してあります。

後ろ向き帰納法で部分ゲーム完全均衡をみつけてみましょう。まず、B国は「核兵器」を選択し-5の利得になるより、「使用しない」を選択して-3の利得になった方がよいと考えているため、「使用しない」を選びます。そのB国の選択をA国は予想します。つまり、A国は、「攻撃を選択してもB国は核兵器を使用しない」と予想できるため、攻撃すれば利得は5であり、攻撃しなければ利得は0になります。よって、A国は「攻撃」を選択します。以上の議論から、部分ゲーム

図4：核抑止ゲームのゲームの木②

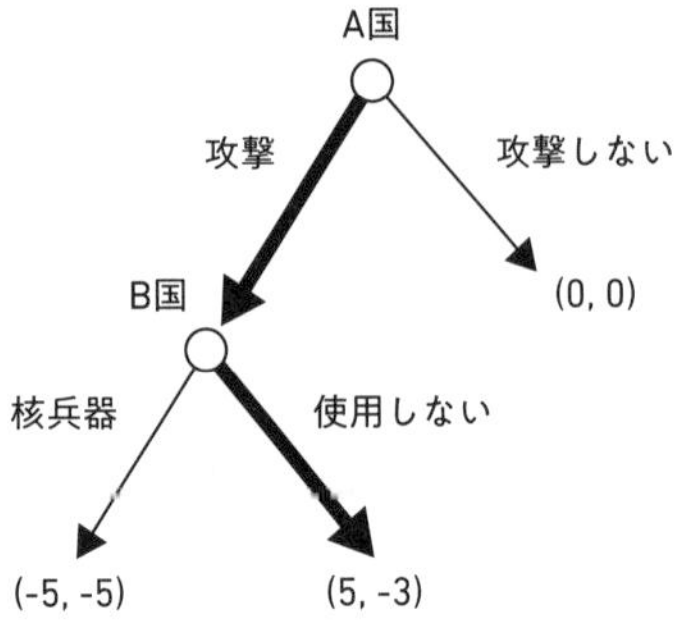

完全均衡は、図4で枝を太くした部分「A国は攻撃し、B国は核兵器を使用しない」であり、B国が政策的妥協をする結果になると予測できます。前節とは全く異なる結果ですね。

ここでB国の立場になってみましょう。侵攻か政策的妥協かにかかわらず、できるだけA国から攻撃される事態は避けたいと思っています。しかも、B国は核兵器という切り札も持っています。そこでB国はA国が攻撃を仕掛ける前に、A国を脅すことができるとしましょう。つまり、「もし攻撃してきたら核兵器の使用を辞さない」という脅しです。その脅しによってA国が攻撃を諦めてくれるのならば、B国にとって脅しをかけることが最適です。しかし、この脅しは残念ながらA国に信じてもらうことはできません。なぜなら、A国が攻撃を仕掛けた後に、B国は核兵器を使用しないと予想できるからです。事前には核兵器を使うインセンティブがあるものの、事後的に（攻撃された後では）核兵器を使うインセンティブがないことになります。よって、この脅しは**から脅し**となり信ぴょう性がないため、A国に攻撃を諦めさせることはできません。核抑止の失敗です。

　時間の経過とともに最適な行動が変化し、事前に行った脅しや約束に信ぴょう性がなくなる問題を**コミットメント問題**と言います。コミットメントには、「(信じられる) 約束」という意味があり、そのような約束が信じられなくなるため、コミットメント問題と言われています。事前にはB国にとって攻撃を避けるために核兵器を使用することが最適ですが、攻撃を実際にされてしまった後では核兵器を使用するインセンティブがないため、事前の脅しが信じてもらえません。よって結局は攻撃されてしまうコミットメント問題が生じていることになります。

　ここで、核抑止が機能していた図1のゲームを思い出してみましょう。図1のゲームではA国は「B国が核兵器を使用する」と予想しているため、攻撃をしません。このとき、事前にB国が「核兵器を使うぞ！」という脅しをかけた場合、その脅しは信ぴょう性がある脅しとなり、A国に信じてもらえることになります。でも、脅しをかける必要すらありませんよね。B国は何もしなくても、核兵器を所有している限り、A国は勝手に「核兵器が使われるかも」と思って攻撃をしないでくれます。よって、ここではコミットメント問題は生じていません。

　ロシアのウクライナ侵攻を思い出してみましょう。もしロシアが米英などを直接攻撃すれば、徹底的な報復を受ける可能性が高いと予想するでしょう。図1の最初のゲームの状況です。しかし、欧米諸国にとってウクライナ侵攻は許されない事態とは思っていても、直接的に大きな被害を受けるわけではありません。よって、欧米諸国は核兵器の使用をはじめとするロシアに対する軍事行動を起こすことはない、とロシアが予想していても不思議ではありません。つまり、図4の抑止が機能していない場合のゲームに近い状況になっていたと言えます。

4．コミットメント問題の解決のために

それでは、図4のようなコミットメント問題が生じている中で、A国に攻撃を諦めさせるには、何をすればよいのでしょうか。端的に言えば、「攻撃をしたらB国が核兵器を使う」という脅しに信ぴょう性を与えればよいわけです。ここでスタンリー・キューブリックの古典的名作映画である『博士の異常な愛情：または私は如何にして心配するのを止めて水爆を愛するようになったか』がヒントを与えてくれます。この映画は、アメリカとソビエト連邦（現在のロシアを含むユーラシア大陸に存在した社会主義国家）が対立していた冷戦期の、核開発による「恐怖の均衡」を風刺したブラック・コメディです。ここでソビエト連邦側が「皆殺し兵器」という兵器を開発します。この兵器の英語の名前はDoomsdayで、直訳すると「最後の審判の日」という重々しい名前だったのですが、日本語に意訳されたときに少し子どもじみた名前になりました。最終兵器に「最後の審判の日」という名前を付けるのも中二病のようで子どもじみてはいるので、同じようなものかもしれませんが。この「皆殺し兵器」は、ソビエト連邦が米国から攻撃をされた

図5：皆殺し兵器

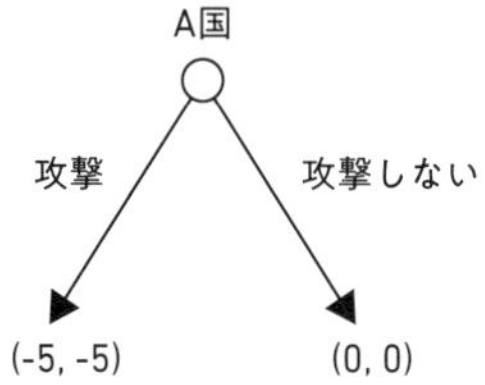

とき、自動的に核兵器を発射する装置です。そして、この皆殺し兵器の機能を止めようとする者が現れたときにも、自動的に核兵器が発射されます。止めようとする人物がソビエト連邦側の人物であってもです。このような兵器を導入すると、ゲームの木は図5のようになります。もうB国の判断が入る余地はありません。A国の攻撃が行われれば、どんなにB国にとって損失であったとしても、核兵器が必ず使われることになるわけです。B国は事後的に判断できる余地をなくすことで、核兵器使用の脅しを信ぴょう性のあるものにしたことになります。当然、A国はB国への攻撃を諦め、B国にとって最も好ましい結果になってくれます。

それでは、B国は実際に「皆殺し兵器」を開発するインセンティブを持つでしょうか。確認をするために、B国が「皆殺し兵器」を開発するか否かを意思決定するタイミングを入れてみましょう。図6に示したように、「皆殺し兵器」を開発しなければ図4のようにコミットメント問題が生じる状況になりますが、「皆殺し兵器」を開発した場合には、図5のようにB国の判断の余地が入らない状況になります。このとき、太くした枝が部分ゲーム完全均衡で選ばれる選択肢です。

図6：皆殺し兵器

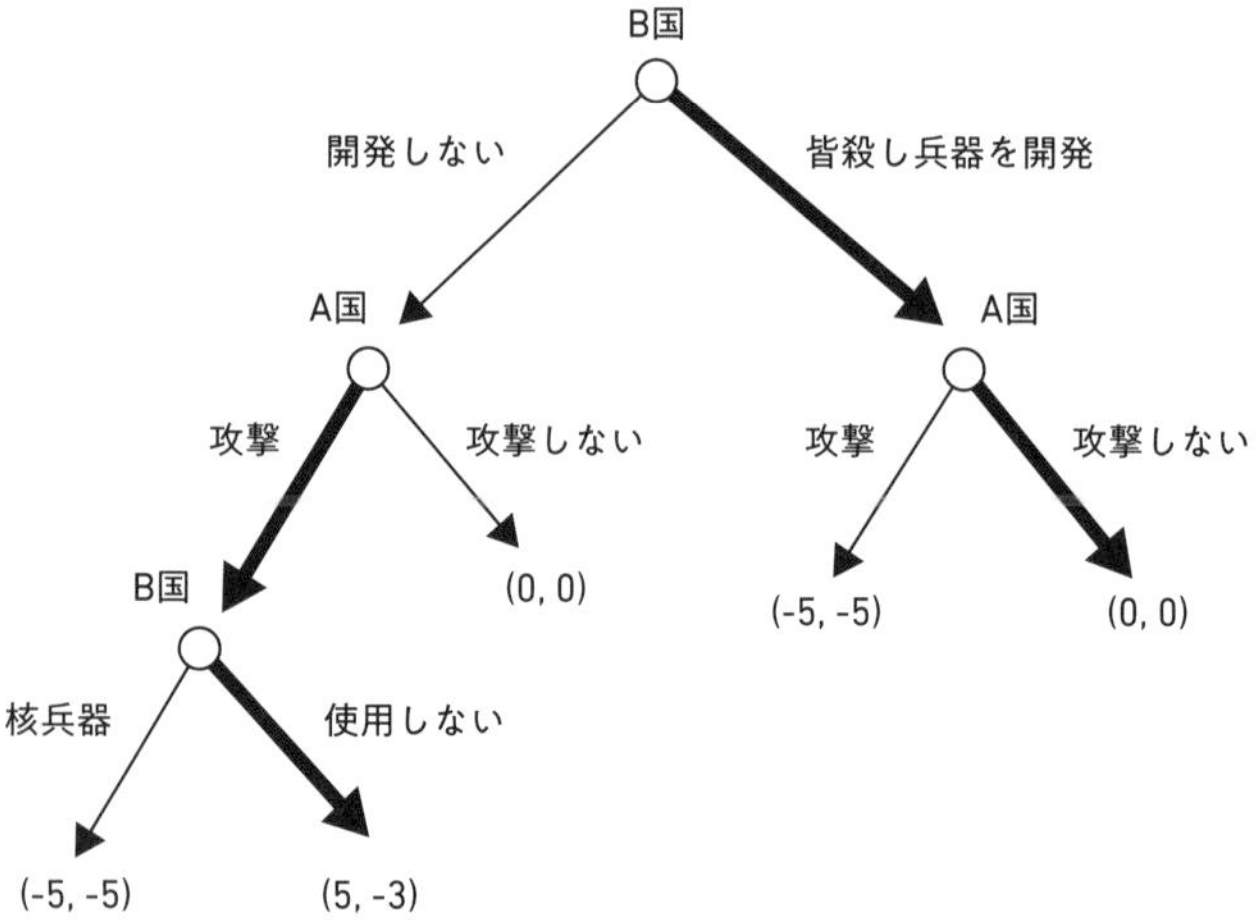

つまり、B国は最後の意思決定点で「使用しない」を選び、A国は左の意思決定点では「攻撃」を、右の意思決定点では「攻撃しない」を選びます。そしてB国は、開発すれば攻撃されずに利得は0になる一方で、開発しなければ攻撃をされ利得が-3になると予想します。よってB国は、最初の意思決定点で「皆殺し兵器」の開発を選ぶことになります。このように、最初に「攻撃をされたら核兵器を使う」ということにコミットメントすることが、B国にとっては最適であることがわかります。ちなみに、このゲームの木には部分ゲームが4つあります。確認してみてください。

「皆殺し兵器」とまではいかなくても、脅しに信ぴょう性を与える方法は他にもあるでしょう。例えば、事前に「攻撃を受けたら核兵器を使う」ということを公約として発表してしまうことも1つの手です。明示的に公約として国民と約束をすれば、その公約を破ったときには支持率を大きく下げることになるかもしれません。強気に出ていたのに急に弱気に転じることで、国民の不評を買い、能力の低い政治家であると思われるからです（Smith, 1998）。その結果、政治家が選挙に負けることが予測されるときには、選挙に負けたくない政治家は妥協せずに核兵器使用を決定すると予想できます。このような国民からのプレッシャーを**聴衆費用**と言います。この聴衆費用をあえて高めていくことで、A国の攻撃後に「核兵器を使用しない」を選んだときの利得を-3より低めていくことができます。-5より低めることができれば、「攻撃を受けたら核兵器を使用する」という脅しに信ぴょう性を与えることができます。ただし、この手段は国民が核兵器の使用を支持しているときに限ります。国民が核兵器の使用を支持していないときには、そもそも「核兵器を使用する」という公約が支持されません。この場合、公約はコミットメント問題の解決策にはなりません。

　同時に、「あの政治指導者は何をしでかすかわからない」と相手国に思わせるという手法も考えられます。A国がB国の攻撃を躊躇するのは、「B国は核兵器を使用する」とA国が予想するからです。そして、図4のようなコミットメント問題が生じる理由は、核兵器を使用することがB国にとって利益にならないため、B国は核兵器の使用をしないとA国が予想するからです。いずれにせよ、A国がどのような予想をするかが問題なのです。そこで例えば、図4のコミットメント問題が生じる状況を考えましょう。常識的な政治指導者であれば、自国により大きな損失を与える核戦争への道は選ばないでしょう。しかし、もし国民のことも、国の未来のことも考えないような身勝手で、何をしでかすかわからない政治指導者であれば、図４のような状況であっても核戦争の道に突き進むかもしれません。例えば政治指導者が、妥協をすることは恥であると考え、何を犠牲にしても絶対に妥協をしないと思っているならば、状況は図１に変わります。その場合、Ａ国はＢ国による脅しを信じることになるわけです。

　ウクライナ侵攻後、「ロシアのプーチン大統領は何をしでかすかわからない。よって、ロシアに対し強気に出すぎるのはよくない」という指摘も多くなされました。これは、（実際にプーチンが何を考えていたかは別にして）プーチンの脅しに信ぴょう性を与え、ロシアから欧米諸国に対する抑止として機能することになったと言えます。プーチンだけではなく、非民主主義国の政治指導者は他国から見ると不気味な存在に見えます。そのように見せることが、彼らの戦略である可能性もあるわけです。ちなみに、冒頭のミステリー小説で「清一郎は珠世を撃てない」と探偵が考えたということは、少なくとも探偵は清一郎が正気であると思っていることを意味します。正気を失っているような犯人であれば、何をしでかすかわかりません。その場合は警官隊で包囲しても、凶行は避けられないかもしれませんね。

5. ホールドアップ問題：信ぴょう性のない約束

以上の議論は信ぴょう性のない脅しの話でしたが、これは約束にも当てはまります。最後に、少しだけ信ぴょう性のない約束を考えてみましょう。池井戸潤氏の小説でドラマにもなった『下町ロケット』に出てくるような町工場と大企業を考えます。

帝王重工が佃煮製作所に、ロケットに使える水素エンジンの開発を依頼したとします。帝王重工は事前に「開発してくれたら十分な報酬を払う」と約束したとしましょう。もし佃煮製作所が水素エンジンを開発し、帝王重工が報酬を払ったならば、両社とも5の利得を得るとします。ちゃんとした商取引が成立している状況です。しかし、帝王重工は佃煮製作所が開発をした後に、事前の約束を裏切って、大した報酬を払わないこともできます。水素エンジンは特殊なものです。他で使えるものではないので、帝王重工以外の企業に売り込みに行くことはできません。最終的に値切られても、佃煮製作所は渋々帝王重工に売るしかありません。この場合、帝王重工は10の利得を得ますが、莫大な開発費用を払った佃煮製作所の利得は-5とします。最後に、佃煮製作所が開発を断った場合には、何も起こらないので、両社の利得は0です。このゲームの木は図7に示しています。

後ろ向き帰納法で解いていきましょう。最後の意思決定者である帝王重工は、報酬を払って5を得るより、払わずに10を得た方が良いので、「払わない」を選びます。それを見越した佃煮製

図7：信ぴょう性のない約束

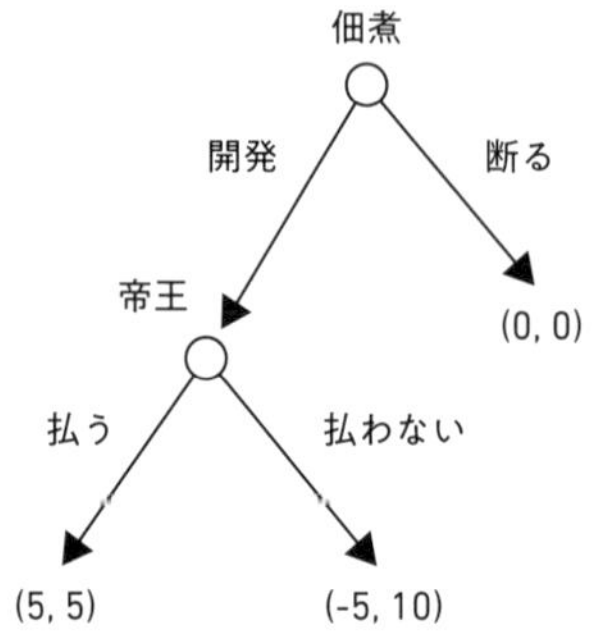

作所は、開発をして利得が-5になるよりも、何もせずに0の方がよいと考え、開発を断ります。よって、部分ゲーム完全均衡は「佃煮製作所は開発を断り、帝王重工は報酬を払わない」です。結局、水素エンジンの開発は行われず、ロケットは飛びません。事前には、帝王重工にとっては報酬を払ってでも開発してくれた方が、開発を断られるより良い結果です。さらに、この設定下では「報酬を払って開発する」方が「何も起こらない」よりも両社の利得が高いため、何も起こらないという部分ゲーム完全均衡はパレート最適ではありません。こんな最悪の結果が生じてしまう理由は、事後的に帝王重工が報酬の支払いを断るインセンティブを持ってしまうからです。特殊な部品であるがゆえに、佃煮製作所は帝王重工と取引せざるを得ません。その足元を帝王重工は見て、報酬の支払いを拒否します。

　このように、事後的に拒否できない相手に付け入る問題を経営学では**ホールドアップ問題**と言います。何もできない相手に手を上げさせて（hold up）強奪しているかのような状況だからです。しかし、均衡上では強奪は生じません。その前に、ホールドアップ問題が生じることを予想した佃煮製作所が開発を断り、本来は両社に得になるはずだった商取引が生じないという事態に陥ります。コミットメント問題は、このような最悪の事態に導くこともあり得るわけです。

ホールドアップ問題の解決策としては、まず事前に法的拘束力のある契約を取り交わすことが考えられます。「払わない」を選択すると訴訟となるため、帝王重工も損をする状況になります。それにより、事前に決めた額を支払うことに、帝王重工がコミットメントできるわけです。他にも、何度も取り引きを繰り返すことが見越せる場合には、今後のためにも約束を破りにくくなることが知られています。

探偵からの挑戦状

ぼくが「清一郎くんは珠代さんを撃たない」と考えた理由を考察してみよう。清一郎くんは、発砲するか、あるいは投降するかを決定し、その後に警官隊が狙撃するか否かを決めるという状況だ。警官隊に狙撃された場合は、清一郎くんは大けがをすることになり、利得は-5になる。狙撃されない場合、発砲し逃走できれば利得は3、投降すれば利得は0としよう。一方で、警官隊にとっては、清一郎くんに逃

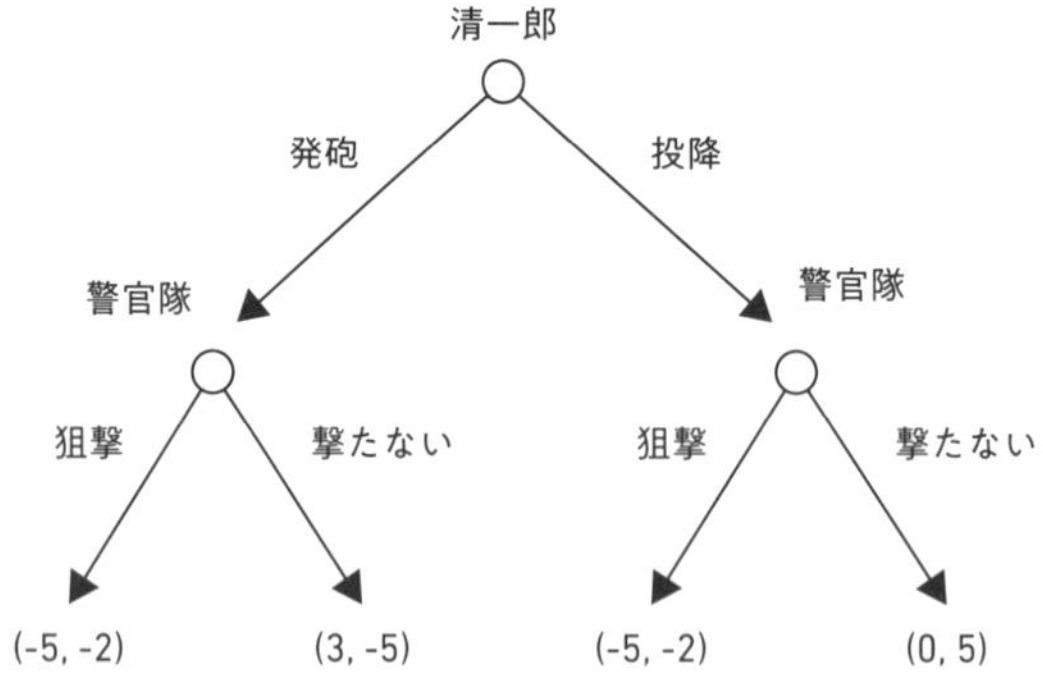

げられれば利得は−5、やむなく狙撃した場合の利得は−2、そして狙撃をしなくても投降し逮捕できた場合の利得を5とする。ゲームの木は右のページに示した通りだ。

さて、どういう結果になるか予測してみたまえ。ちなみに、部分ゲームはいくつあるかわかるかな。

答え

部分ゲーム完全均衡では、警官隊は清一郎くんが発砲した場合には狙撃するが、投降すれば狙撃しない。それを見越した清一郎くんは、投降することになる。このゲームには、部分ゲームは全部で3つあるね。実際にも清一郎くんは投降する仕草は見せていたよ。しかし、爆発に乗じて湖に飛び込み逃走した。もう少し、警察にはしっかりしてほしいものだが、珠世さんが無事で良かったとしよう。

第2部

その問題、政治なら解決できる……のか？

第1部では、様々なタイプの社会的ジレンマを見てきました。社会的ジレンマの解決策は具体的な問題の内容によって異なってきますが、解決をする主体は多くの場合において政府です。例えば、環境破壊を食い止めるために企業に罰則を与えるという解決策がありましたが、その罰則を与える主体は政府です。電気自動車普及のために補助金を与える主体も政府ですし、核抑止に関しては政府自体がプレーヤーでした。しかし、政府が様々な社会的ジレンマを解決する主体であったとしても、社会にとって望ましい形で解決してくれるとは限りません。政治家も、私利私欲を持った普通の人間です。社会のためより、私利私欲のための選択をしてしまうかもしれません。それでは、政府に社会のためになるような行動をとってもらうためには、何をすればよいでしょうか。第2部では、政府の意思決定にまつわる問題を考えていきます。

「清一郎には逃げられ、その間に生じた爆発で敬之氏が殺された。これは完全な警察の落ち度ではないですかね？　皆、不安がっているんです！」

　鬼瓦警部が大勢の聞屋《ぶんや》に囲まれている。清一郎は、爆発の混乱に乗じて湖に飛び込み行方不明。そして、爆発に巻き込まれる形で敬之が死亡した。夫を喪い、息子が行方不明と知った文子《あやこ》夫人は卒倒して入院している。警察の大失態である。

「最近の警察はどうかしていますよ。皆、そう言っています！」

「降矢木産業が行った数々の不正に対する捜査はどうなっているのですか？　皆が、納得いく説明をしてください！」

　上司には堪えろと言われていたが、そんなことができるわけがない。鬼のように顔を真っ赤にした警部は、堪え切れずに怒鳴り散らした。

「皆が皆がと言うが、いったい誰のことを言っとるのだね！」

第4章
「みんなの意見」を探せ

よく人々は、政府が社会にとって望ましい政策を実行していないことを嘆きます。政府は「国益」や「民意」を考えて行動するべきだ、という意見もありますね。よく言われることですが、そもそも「国益」や「民意」とは何のことを指すのでしょうか。この社会には色々な意見を持った人たちがいます。環境問題を考えてみても、環境破壊を許容してでも経済成長をすべきだと考える人もいれば、人間の生活を大きく犠牲にしてでも環境を守るべきだと考える人もいます。電気自動車の普及に関しても、税金を使ってまで補助金を出すことには反対する人もいるでしょう。社会だとか国だとか一口に言っても、その中には多種多様な意見を持った人たちがいます。政府は、人々の多種多様な意見をまとめて、社会や国としての意思決定をしなくてはなりません。では、対立している様々な意見の中から、「国益」や「民意」を見つけることができるのでしょうか。鬼瓦警部も「みんなの意見」という曖昧な言葉は嫌いなようです。本章では、「国益や民意とはなにか」という謎を考えてみましょう。その前に、そもそも個人の意見や好みは、どのように表現すればよいのでしょうか。

1．「自分の意見」を数理的に表現する：選好関係と利得

大学生の悩みの1つと言えば昼食場所です。2時間目と3時間目の間の昼休みが1時間もない大学は多くあります。昼休みの学食やレストランは混み合うため、自宅やコンビニでお弁当を調達して、教室で食べる学生も少なくないでしょう。しかし、あえて2時間目か3時間目に講義を入れずに空けることができれば、優雅な昼食時間を確保できます。早稲田大学の学生ならば、三品食堂の牛めし（牛丼）か、メルシーのラーメンか、高田牧舎の石窯ピザか、あるいは金城庵の蕎麦やチャイの麻婆豆腐など、たくさん選択肢がありますね。さて、どこに行きましょうか。その日その日で、みなさんの好みがあるはずです。これはレストラン（メニュー）の比較ですが、日々の意思決定だけではなく政府の政策に関しても、選択肢があり、その選択肢に対する好みがあるでしょう。選挙では、複数の候補者がいて、「どの候補者が良いか」という好みがあるわけです。まずは、この「好み」を数理的に表現しないといけません。

個人の「好み」を表すために、ゲーム理論では**選好関係**が使われます。複数ある選択肢から、

2つの選択肢を取り出します。その2つの選択肢の間の個人の好みを表現したものが選好関係です。主に、以下の2つの種類があります。

① **強い選好関係**：「ラーメンより牛丼が好ましい」や「牛丼よりラーメンが好ましい」など、どちらか一方の選択肢が他の選択肢よりも好ましい場合に用いられる。

② **無差別関係**：2つの選択肢が同等に好ましい場合に用いられる。

無差別関係は、2つの選択肢に対する好みが全く同じであり、「どちらでもよい」という場合に使います。例えば、味の違いにこだわりがない人にとっては、コカコーラとペプシは「どちらでもよい」ため無差別でしょうし、色々種類のあるペットボトルの緑茶も「どのメーカーでもよい」という場合は無差別だと言えます。

しかし、この選好関係だけでは数理的に分析することは難しそうです。「ラーメンの方が牛丼より好ましい」という選好関係を持っていても、「ラーメン」や「牛丼」などのモノの名前では数式に組み込んで計算はしにくいですね。そこで、思い切ってこの「モノ」を数値に変えてしまおう、という考えで用いられているものが、前章まで使っていた「利得」になります。これは経済学では**効用**とも呼ばれているものですが、ここでは利得と同じ意味で用いています。序章では、より好ましい結果に、より大きな利得を与えていくことを指摘しました。昼食場所の選択のように、選択肢が結果と同じであるならば、より好ましい選択肢に、より大きな利得を与えていくことになります。「ラーメンの方が牛丼より好ましい」場合には、ラーメンに牛丼よりも高い利得を与えます。2と1でも、10と3でも、1兆と5億でも、あるいは-1と-3でも構いません。無差別関係の場合には、2つの選択肢に同じ数字を与えます。「牛丼とピザが無差別」ならば、両方とも利得は2とする、などです。

ここでは、利得の大きさそのものには大きな意味はありません。選好関係の順番に基づいて、より好ましい選択肢ほど大きな数字が与えられているだけです。負の値だからといって不幸を意味するわけでもなく、大きな値だからといって「超絶にハッピー」というわけでもありません。複数の選択肢の間の好みの比較をしているだけです。なので、最も大きな利得を持っている選択肢は、値が何であれ、その個人にとって最も好ましい選択肢であることを意味します。前章までは「個々のプレーヤーは利得を最大化する選択をする」と仮定していました。この利得最大化行動は、要は「最も好ましい選択肢を選ぶ」ということであり、それ以上の意味もそれ以下の意味もありません。この「利得最大化を人々は行う」という仮定は、たびたび批判にさらされます。その批判に関して考えてみましょう。

2. 利得最大化行動は非現実的か

ゲーム理論に対する批判の1つが、「利得最大化行動をとる」という仮定に対する批判です。例えば、「ゲーム理論が考えるよりも人々は利他的である」という批判があります。利得最大化を追求している人を考えているため、利己的な人を想定していると思われているのでしょう。しかし、利得は、あくまで個人の選好関係を反映しているだけです。例えば、他者に「寄付する」という利他的行為を、「寄付しない」より好んでいた場合、より好んでいる「寄付する」ことによる利得は、「寄付しない」ことによる利得よりも高くなるわけです。個人の金銭的・物質的利益は寄付により減りますが、寄付をすることを好んでいれば、寄付をすることの方が利得は高いため、寄付をすることが利得最大化行動になります。利得最大化行動は、必ずしも利己的行動を意味しません。

他にも、「ゲーム理論が考えるよりも人々は愚かである」という批判もあります。自分の利得最大化を追求しているわけですから、不利益になるような行動を避けて、過ちも犯さずに、確実に利得を高めていくような超人のイメージがあるのかもしれません。しかし、再度言いますが、利得は個人の選好関係を反映しているだけです。例えば、遊ぶ金欲しさに罪を犯す行為を、まじめに働くことより好んでいた場合、より好んでいる「罪を犯す」ことによる利得は、「まじめに働く」ことによる利得よりも高くなるわけです。罪を犯すことは愚かなことですが、それを好んでいれば、罪を犯すことが利得最大化行動になります。怒りを抑えられずに殺人をしてしまうことも、試験前に連日飲み会に行って遊び惚けることも愚かな行為ですが、それを好んで選択したならば利得最大化行動と言えるわけです。利得最大化行動は、賢い行動を意味するわけではありません。

利得最大化行動は単に、「最も好ましい選択肢が存在する場合には、それを選択する」というだけです。例えば、銀杏《ぎんなん》が大嫌いな人がいて、銀杏は絶対に食べたくないという人が食堂に行くと、「ハンバーグ定食」と「銀杏づくし定食」の2つの選択肢があったとしましょう。このとき、本人は「ハンバーグ定食の方が好ましい」とわかっているのにもかかわらず、それでも「銀杏づくし定食」を注文したのならば、それは利得最大化行動ではないと言えるでしょう。利得最大化行動は、それほど強い仮定ではないことがわかると思います。もちろん、判断が難しい選択において明確な選好関係がわからないなど、「最も好ましい選択肢」が存在しない場合もあります。そのような場合においてのみ、利得最大化行動を仮定して分析することはできません。

3.「みんなの意見」の作り方

今まで議論したように、個々人が選好関係を複数の選択肢に対して持っている状況を考えましょう。でも、すべての人が同じ選好関係を持っているとは限りません。人の好みも千差万別です。

表1：投票方法で民意が違う？

有権者の人数	1番良い選択肢	2番目に良い選択肢	最悪な選択肢
40人	牛丼	ピザ	ラーメン
31人	ラーメン	ピザ	牛丼
29人	ピザ	ラーメン	牛丼

では、民主的にみんなの意見を聞けば、様々な個々の意見を社会全体の意見として集約していくことはできるのでしょうか。ことは、そう簡単ではないようです。

例えば、１００人の有権者がいる社会を考えてみましょう。ここで、前節と同様に牛丼とラーメンとピザの３つの選択肢があるとします。この３つの中から、社会全体としてどれか１つを選ぶわけです。１００人のサークルで、ランチ打ち上げの場所を決めようとしている状況などが考えられます（そんな状況などないわ、とは思わないでください）。１００人の有権者は、大きく３つのタイプに分けられるとします。まず、１００人中40人にとっては牛丼が最も好ましく、次いでピザが好ましく、ラーメンは最悪の選択肢だとします。そして、31人にとっては、ラーメン、ピザ、牛丼の順番で好ましく、残りの29人にとっては、ピザ、ラーメン、牛丼の順番で好ましいとします。これら３つのタイプの好みの順番に関しては、表１に示しています。

このようなバラバラの意見をまとめて、社会として意思決定する代表的な方法が投票です。人々に自分の好みを表明してもらい、その好みを集約して社会としての意思決定をするわけですね。友達同士で何かを決めるとき、「民主主義なのだから投票で決めよう」などと言いながら決める場合もあるでしょう。
最も一般的な投票方法ともいえる単純多数決制を考えてみましょう。日本では、知事などの首長選挙や衆議院議員選挙の小選挙区制で使われている投票方法ですね。一番良いと思う選択肢に投票し、最も票を得た選択肢が勝利するわけです。表1の状況下では、40人が牛丼を、31人がラーメンを、そして29人がピザを選ぶので、最も多い40票を得た牛丼の勝利です。それでは、「みんなにとって最も好ましい選択肢は牛丼である」と結論付けて良いのでしょうか。

実は、投票方法には、他にもたくさん種類があります。単純多数決制を少しだけ変えたものとして、決選投票付き多数決制があります。単純多数決制と同様に、人々は最も好む選択肢に投票します。この時点で、過半数の（半数を超える）票を得た選択肢があれば、その選択肢の勝利です。しかし、過半数の票を得た選択肢が存在しない場合には、票を最も得た上位2つの選択肢が決選投票に進みます。決選投票では、この2つの間で選択する投票が行われ、多くの票を得た方の選択肢が勝利します。自民党総裁選などの党首選で使われている投票方法になります。それでは、表1の場合に決選投票付き多数決制度を採用したら、どのような結果になるでしょうか。第1ラウンドでは牛丼が最も票を得ますが、40票なので過半数ではありません。次点の選択肢は、31票を得たラーメンなので、牛丼とラーメンが決選投票に進みます。決選投票で牛丼に投票する人は、牛丼を最も好む40人だけです。他の60人はラーメンの方が好ましいと思っているので、最終的にはラーメンが勝利します。あれ、困りましたね。この方法を使うと、「みんなにとって最も好ましい選択肢はラーメンである」という結論になります。牛丼とラーメン、どちらが「みんなの意見」になるのでしょうか。

さらに、他の投票方法も考えてみましょう。今度は総当たり戦です。複数の選択肢から2つの選択肢をピックアップして、その2つの選択肢の間で投票を行います。それを、すべての組み合わせで行うわけです。そのうえで、他のどの選択肢にも勝利するか引き分ける選択肢を、総当たり戦の勝者と考えます。ちなみに、この方法を選挙で使うことを提唱した人の名前から、総当たり戦のことは**コンドルセ・ルール**とも呼ばれます。また、他のどの選択肢にも勝つか引き分けることができる選択肢のことは、**コンドルセ勝者**と呼ばれます。手間はかかりますが、すべての組み合わせで多数派の意見を重視していく方法ですね。それでは、表1の場合に当てはめてみましょう。

- まずは、牛丼とラーメンの間での投票です。すでに議論したように、60人がラーメンの方が好ましいと思っているわけですから、ラーメンが勝ちます。
- 次に、牛丼とピザの間での投票を考えてみましょう。最初の40人は牛丼の方を好んでいますが、他の60人はピザの方が好ましいと思っているので、ピザの勝利です。単純多数決で選ばれた牛丼は、ラーメンにもピザにも負けていますね。このように他のどの選択肢にも負けてしまう選択肢のことは**コンドルセ敗者**と呼ばれます。単純多数決制では、コンドルセ敗者が勝者になってしまう場合があることが知られています。

● 最後に、ラーメンとピザの間での投票をしましょう。真ん中の31人はラーメンを好みますが、他の69人はピザを選びます。よって、ピザの勝利です。

ピザは牛丼にもラーメンにも勝つことができています。よって、コンドルセ勝者はピザになります。んー、さらに困ったことになりました。ここでは「みんなにとって最も好ましい選択肢はピザである」という結論になります。

3つの投票方法を紹介しましたが、その3つとも違った結果になっています。「みんなの意見」とか「国益」とか「民意」などと言ったとしても、どの投票方法を選択するかで結果が違ってくる場合があるわけです。「みんなの意見」とはいったい何であるのか、わからなくなってしまいますね。この3つの他にも、色々な投票方法があるのですが、それぞれで異なった勝者を提示してくることは往々にしてあることです。

さらに、どの投票方法を用いるかを誰かが決めることができるのならば、恣意的に自分の好ましい結果に導くことも可能です。表1の状況下で、あなたが牛丼を最も好むならば、単純多数決制を採用すべきでしょう。一方で、ラーメンを最も好むなら決選投票付き多数決制を、ピザを最も好むならコンドルセ・ルール（総当たり戦）を採用することで、自分にとって好ましい結果に導くことができます。つまり、特定の「みんなの意見」に導くことができる可能性があるわけです。

もちろん、常に思い通りの結果に導けるとは限りません。例えば、過半数の人が牛丼を最も好んでいる場合には、どの投票方法を用いても牛丼が勝利します。このように投票方法を変えたとしても、勝者が変わらず、何が「みんなの意見」なのかは明らかな場合も多々あります。しかし、表1のように明らかではない場合もあるのです。さらに、他の問題も存在します。次節で見てみましょう。

4.「みんなの意見」が見つからない：選挙のサイクル

表2には、表1とは少し違った好みの順番が示されています。31人の2番目のタイプが、元々はラーメン、ピザ、牛丼の順番で好んでいたところを、ラーメン、牛丼、ピザの順番に変えています。2番目に良い選択肢と最悪な選択肢が入れ替わったのですね。表1のときと同様、単純多数決なら牛丼が勝利し、決選投票付き多数決制ならラーメンが勝利します。では、コンドルセ・ルールを使うと結果はどうなるでしょうか。

① まずは、牛丼とラーメンの間での投票。60人がラーメンの方が好ましいと思っているため、ラーメンの勝利。

表2：民意が決められない？

有権者の人数	1番良い選択肢	2番目に良い選択肢	最悪な選択肢
40人	牛丼	ピザ	ラーメン
31人	ラーメン	**牛丼**	**ピザ**
29人	ピザ	ラーメン	牛丼

② 次に、ラーメンとピザの間での投票。真ん中の31人はラーメンを好みますが、他の69人はピザを好むため、ピザの勝利。

③ 最後に、牛丼とピザの間での投票。表1とは異なり、71人は牛丼の方が好ましいと思っているので、牛丼の勝利。

ここでも困ったことが生じてしまいました。①より、ラーメンは牛丼に勝ち、②よりピザはラーメンに勝っています。ここまで見るとピザの勝利に見えますが、③では牛丼がピザに勝っています。よって、社会にとって一番良い選択肢を見つけようとしても、「社会にとって、ラーメンは牛丼より良く、ピザはラーメンより良く、牛丼はピザより良く、ラーメンは牛丼より良く……」と永遠に続いてしまいます。これでは最も社会にとって良い選択肢が見つかりません。このような状況を、**選挙のサイクル**と言います。延々とサイクルが続き、何が勝者なのか決められない状況です。

選挙を通して多くの人の意見を集約すれば、社会全体の方向性を決められると思っていましたが、そう簡単ではないようです。投票方法を変えれば結果が変わってしまうかもしれませんし、投票方法によっては結果すら決められないことがわかりました。ただし、いずれの投票方法でも、人々の意見をしっかりと集約して、社会としての意思決定をしようとしていることに注意してください。独裁者が、独断で決定している状況とは大きく異なります。しかし、意見が大きく割れているときには、投票方法によって結果が異なってしまうわけです。

しかし社会にとって「望ましい帰結」というものがあり、かつ投票方法を変えていくことで結果を変えることができるのならば、「より望ましい帰結に導くような投票方法を導入していこう」という考えにもなるかもしれません。次節では、その中の１つである「若者の意見を取り入れる投票方法」の是非について考えてみましょう。

5.「若者の意見」の取り入れ方

少子高齢化が進む日本において、有権者に占める高齢者の比率が高いことから、政治において高齢者の意見が重視され、若者の意見が軽視されているなどと指摘されることがあります。例えば、高齢者の意見を重視しすぎると、将来世代の負担になる財政赤字の積み増しは気にせずに、積極的な財政支出をしてしまうかもしれません。また、子育て政策や女性の社会進出より、高齢者向けの社会保障制度の充実が重視されるかもしれません。このことから、シルバー民主主義などとも呼ばれています（八代、２０１６など）。

前節では、投票方法を変えれば、結果も変わるという話をしました。それでは、若年層の意見がより重視されるような制度改革は可能でしょうか。実際に提言されている改革の1つが、年齢加重投票です。加重投票とは、1票の重さを変えることです。例えば、普通の有権者には1票を与える一方で、特定の集団に属する有権者には2票を与える方法が考えられます。または、各有権者には1票を与えつつ、集計の際に特定の集団に属する有権者の票は数倍にしてカウントする方法もあり得ます。年齢過重投票は、年齢が若くなるほど、1票の重みが増していくという制度です。これに準ずるものとして、ドメイン方式という制度の導入も提言されています。これは、将来世代をより重視するために、選挙権のない子どもを有する親に、その子どもの分の票を与えるという制度です。提唱したアメリカの人口統計学者ポール・ドメインから名前がつけられています。いずれにせよ、子どもや若年層の票の重みを高める施策ですね。

特定の有権者の票に重みを与える加重投票は、ＩＭＦなどの国際機関ではよく採用されています。この際の「有権者」は、国になります。一方で、日本の国政選挙を考えると、当然、憲法にある法の下の平等（14条）などに反することになります。ただし、私たちは実質的に加重投票を許容しているのもまた事実です。それは、地域間の**1票の格差**です。1票の格差とは、有権者1人当たりの議員数が異なることを意味します。例えば、選挙区Ａでは1000人で1人の議員を選出している一方で、選挙区Ｂでは500人で1人の議員を選出しているとしましょう。選挙区Ａでは、有権者1人当たりの議員数は0・001人であり、選挙区Ｂでは0・002人です。よって、「両区の間には2倍の格差がある」と言えます。この場合、各有権者が持っている票数は

1票ずつですが、B区の方が2倍の影響力を持つことになります。だいたい衆議院では最大2倍、参議院では3~5倍の差があります。例えば、２０２１年の第49回衆議院議員総選挙において、1票が最も軽かった選挙区は東京都第13区で、１人の議員に対し４８０，２４７人の有権者がいました。一方で、1票が最も重かった選挙区は鳥取県第1区で、１人の議員に対し２３０，９５９人の有権者がいました。その間では２・０７９倍の格差があったことになります。往々にして、人口の少ない地方に多くの議席数が配分されていることから、地方が都市より1票が重くなる状況です。また、地方の方が都市よりも高齢化が進んでいることを鑑みると、高齢者の持つ1票の方が重いとも言えるかもしれません。よって、このような1票の格差を許容している状況は、地方や高齢者の票に対する加重投票を行っているのと、同等の効果を持つと解釈できます。

　それでは、このような格差を是正したうえで、さらには若年層の票が重くなるような制度改革をすれば、若年層向きで長期的な視座に立った政策が実行されるのでしょうか。この問題を考えるには、そもそも若年層は長期的視座に立った判断をできるか否かを考えなくてはなりません。しかし、過去の研究からは、明確な結果は得られていません。高齢者ほど将来を重視しないという研究もある一方で（Albert and Duffy, 2012など）、違いはないとする研究や（Rieger and Mata, 2015など）、逆に高齢者ほど将来を重視することを示している研究もあります（Green et al., 1994; Halfmann et al, 2013など）。高齢者ほど長期的視野に立つ意思決定をしている理由として、高齢者になるほど慎重で忍耐強い可能性などが指摘されています。少なくとも、「若年層は未来志向の意思決定をする」という保証は、残念ながらないようです。さらには、たとえ若年層が未来志向であっても、制度が変わることで、好みや行動が変わる可能性だってあります。ある研究（Kamijo, Tamura, and Hizen, 2020）ではドメイン方式を導入した場合としない場合を比較していますが、導入しない場合には子どもの将来のことを重視していた親が、ドメイン方式を導入するとあまり将来を重視しなくなることが示されています。制度を変えると、投票行動も変わる可能性があるわけです。若年層の票の重みを増しても、意図した通りの結果を導けるとは限らないようですね。

　そもそも、投票方法を変えて選挙結果をより好ましいものに変えようという考え自体が、危険なものだとも言えます。様々な政治的思惑の影響を受けますし、特に政権政党に有利になるような改革もされてしまうかもしれません。地方と都市の１票の格差が維持され続けている点と、地方において自民党が選挙に強い点は、おそらく強く関係しているでしょう。安易な選挙制度改革を行ったとしても、問題の解決にはならないどころか、より大きな問題を引き起こしてしまう可能性だってあるわけです。

　意見が大きく対立しているときには、国益や民意は明確ではないことがわかりました。それでも、政党や候補者が選挙に勝つために選びがちな政策があります。次章では、政党や候補者が重視する意見とは何か、考えてみましょう。

探偵からの挑戦状

本事件の記者会見を開きたくない鬼瓦警部から、どうしたら良いかぼくに相談があった。①会見を開かない、②警視庁で会見を開く、③解得霧館で会見を開く、の3つの選択肢があるらしい。鬼瓦警部は、「3社ほどの新聞社は警察が飼いならしておるのですが、他の4社が難しいのです」と言っている。掘り下げて聞くと、下図の3つのタイプに新聞社は分けられるらしい。どの選択肢にするか、新聞社が投票をして決めることになったようだ。

新聞社の数	1番良い選択肢	2番目に良い選択肢	最悪な選択肢
3社	会見なし	警視庁で会見	解得霧館で会見
2社	警視庁で会見	解得霧館で会見	会見なし
2社	解得霧館で会見	警視庁で会見	会見なし

(1)会見を開かせないために、ぼくは1つのアドバイスを警部にした。単純多数決制、決選投票付き多数決制、コンドルセ・ルールのうち、どの方法を勧めたかわかるかな。ただし、2つの選択肢が同じ票数を得た場合には、くじ引きを通して同じ確率で勝者が決まるとしよう。

(2)アドバイス通りの投票方法を警部が提案したらしいが、勘の良い聞屋の1人が、「まずは、会見を開くか否かの2択で投票しましょう。そのうえで会見を開くことになれば、場所を2回目の投票で決めましょう。投票方法はご提案のもので良いですよ」と提案した。提案通りに投票を行った場合、結果はどうなるだろうか。

答え

(1)の答えは単純多数決制だね。単純多数決制なら、「会見なし」が3票を得て勝つ。

コンドルセ・ルールでは、「警視庁で会見」が「解得霧館で会見」に勝ち、「解得霧館で会見」は「会見なし」に勝つ。そして、「警視庁で会見」は「会見なし」に勝つので、「警視庁で会見」という結果になる。決選投票付き多数決制では、どの選択肢も過半数に最初は届かないため、「会見なし」に加えて「警視庁で会見」か「解得霧館で会見」のどちらかが決選投票に進出する。決選投票では「会見なし」が負けるので、会見は開かれてしまうね。

単純多数決制なら会見は開かれないはずだったが、(2)の方法を使えば話が違う。「会見をする」と「会見をしない」の間では、4票を得て「会見をする」が勝利する。

そのうえで、警視庁か解得霧館では、警視庁が勝利する。なので、鬼瓦警部は結局警視庁での会見でつるし上げられたみたいだ。このように投票方法だけではなく、順番や選択肢を変えることで、結果を変えることもできるようだね。

「なんで珠世が、すべてを持っていくの！　この子は、お父様が愛人に産ませた子なんですよ！」

珠世に全財産を与えるという栄龍の遺言を知った文子は、怒りに声を震わせた。文子は、遺言の内容を知りたかったからか、早々に退院している。

「珠世さんは、栄龍氏の養女ではなかったのですか？」

私が問うと、文子は珠世を睨みつけた。

「知らなかっただろうけど、あんたはお父さまが老いてから愛人との間にできた子なの。それを隠すために、あんたを養女にしただけ。私たち夫婦はきちんとお父さまの言いつけを守ってきた。なぜ親に尽くしてきた人間が何も得られないのよ！　なんであんたはお父さまに何もしていないのに、財産をすべて持っていくのよ！」

「ただただ付き従ってくるだけの人間は、どうでもよい存在になったりするものです」

探偵の冷たい言葉を聞くと、怒りが頂点に達した文子は、再び卒倒した。

第5章

その政策は誰がために

前章では、人々の様々な意見を社会の意見に集約していく際の難しさに関して議論しました。しかし、実際の社会で政策を決定していく主体は政治家です。選挙によって選ばれた政治家が、人々の間で対立する様々な意見をふまえて、最終的な意思決定を行います。よって、「政治に自分の意見が反映された」と思う人たちがいる一方で、「見捨てられた」「私の意見が無視された」「私たちの生活を考えてくれているのか」などと政策の決定に不満を持つ人たちも多く生じます。

それでは、政治家はどのような人たちの意見をくみ上げ、そしてどのような人たちの意見を切り捨てるのでしょうか。これは、前章で議論したような制度的問題ではありません。人の手によって行われる取捨選択です。政治家が、自身にとって最適だと考える政策を実行するわけです。よって、特定の政策が選択される理由を理解するためには、政治家や政党の気持ちになって、そのインセンティブから考えていく必要があります。本章では「誰のための政策が選択されているのか」という謎を、政治家の立場になりつつ紐解いていきます。同時に本章は、この本の前半までに学んできたことの総復習の章にもなっています。少し難しくなっている箇所もありますが、支配戦略、最適反応とナッシュ均衡、後ろ向き帰納法と部分ゲーム完全均衡、そしてコンドルセ勝者の考え方を総動員して、選挙における政党の意思決定について考えていきましょう。

1．多数派に好まれる政策を

まずは単純な例として、過半数の人々の意見が一致している状況を考えてみましょう。明らかな「多数派の意見」がある場合ですね。2つの政策の選択肢があり、過半数の人が片方の政策をより好んでいるとします。わかりやすさのために、好まれている方の政策を「好政策」、好まれていない方を「嫌政策」と呼びましょう。2人の候補者が、選挙に出馬しているとします。候補者は、選挙に勝利した場合に実行する政策を公約として発表します。「好政策を実行します」か「嫌政策を実行します」のどちらかを公約として発表するということですね。この公約で発表された政策は、選挙後に必ず実行されると仮定します。現実の公約の中には選挙後に破られるものもありますが、この公約は選挙の中心的な論点となっている政策課題に関するものであり、容易くは破ることができないと考えてください。よって、候補者は慎重に考えたうえで、確実に実行

表1：過半数の意見が一致している場合

		候補者B	
		好政策	嫌政策
候補者A	好政策	0.5 , 0.5	1 , 0
	嫌政策	0 , 1	0.5 , 0.5

する政策を公約として発表します。以降は、公約と政策を同一視して議論していきます。

候補者の最大の目的は選挙に勝つことです。当然、政治家になった後にやりたいこともあるでしょう。しかし、政治家にならなければ、その目的も果たせません。どんな目的で政治家になりたいのだとしても、選挙に負けてしまえば意味が無いのです。よって、ここでは単純に候補者の目的は選挙の勝利確率を高めることであると考え、候補者の利得は選挙の勝利確率と同じであるとします。

もし1人の候補者が「好政策」を選び、もう一方が「嫌政策」を選んだ場合、過半数の有権者は「好政策」を選んだ候補者を選びます。一方で、両候補者が同じ政策を発表した場合は、有権者は両候補者の間で無差別になります。この場合、他の様々な要因で投票先が決まるため、勝利確率は両者で50%ずつであると仮定しましょう。くじ引きで決まるように、他の要因に影響されて決まるということですね。政策の発表は同時に行うと考え、同時決定のゲームとして分析します。このゲームの利得表は、表1になります。

相手がどんな戦略を選んだとしても、常に「好政策」を選ぶこ

表2：社会の中の異なる意見（第4章・表1）

有権者の人数	1番良い選択肢	2番目に良い選択肢	最悪な選択肢
40人	防衛政策（牛丼）	子育て政策（ピザ）	景気刺激（ラーメン）
31人	景気刺激（ラーメン）	子育て政策（ピザ）	防衛政策（牛丼）
29人	子育て政策（ピザ）	景気刺激（ラーメン）	防衛政策（牛丼）

とが最適反応です。つまり、「好政策」は両者にとっての支配戦略となります。「プレーヤーは支配戦略を選ぶ」と考えた場合の予測される結果は「両候補者とも好政策を選ぶ」であり、これがナッシュ均衡でもあります。多数派の意見が明確に存在するのならば、政党や候補者は選挙に勝つために、その意見に従うことになるわけです。

2. コンドルセ勝者である政策を

それでは、明確な多数派の意見が無く、人々の意見が割れていた場合はどうなるでしょうか。4章の表1で紹介した、100人で牛丼か、ラーメンか、ピザかを決める状況を考えてみましょう。4章の表1は、本章の表2としてもう一度示しています。この例におけるコンドルセ勝者は、ピザでしたね。ここで投票を通して直接政策を選ぶのではなく、2人の候補者の中から1人の代表を選出し、その代表が最終的な決定を行うとしましょう。よって、まずは2人の候補者が公約を決めるとします。食べ物だと少し妙な感じなので、3つの異なる政策に置き換えましょう。ラーメンを積極的財政政策などによる景気刺激政策、ピザを子育て政策、牛丼を防衛政

表3：コンドルセ勝者が存在する場合

政党A ＼ 政党B	景気刺激	子育て政策	防衛政策
景気刺激	0.5 , 0.5	0 , 1	1 , 0
子育て政策	1 , 0	0.5 , 0.5	1 , 0
防衛政策	0 , 1	0 , 1	0.5 , 0.5

策と置き換えれば、どの政策に予算を配分するのかという政策課題を議論していると考えることができます。つまり、子育て政策がコンドルセ勝者です。その他の設定は前節と同じです。

まずは選挙における勝敗を考えてみましょう。両者が同じ選択肢を選んでいた場合には、勝利確率は50％ずつです。片方がコンドルセ勝者である子育て政策を選び、もう一方が防衛政策か景気刺激を選んでいた場合には、子育て政策を選んだ候補者が過半数の票を得て確実に勝利します。そして、片方が景気刺激を選び、もう一方が防衛政策を選んでいた場合には、景気刺激を選んだ候補者が勝利します（景気刺激が60票、防衛政策が40票を得るためです）。このゲームをまとめたものが、表3の利得表です。

最適反応を求めてみましょう。相手が景気刺激を選んだ場合には、確実に勝てる子育て政策が最適反応です。相手が子育て政策を選んだ場合には、50％の確率で勝て

表4：コンドルセ勝者が存在しない場合（第4章・表2）

有権者の人数	1番良い選択肢	2番目に良い選択肢	最悪な選択肢
40人	防衛政策（牛丼）	子育て政策（ピザ）	景気刺激（ラーメン）
31人	景気刺激（ラーメン）	**防衛政策（牛丼）**	**子育て政策（ピザ）**
29人	子育て政策（ピザ）	景気刺激（ラーメン）	防衛政策（牛丼）

る子育て政策が最適反応です。他の選択肢にすると確実に負けてしまうからです。最後に、相手が防衛政策を選んだ場合には、確実に勝てる景気刺激と子育て政策が最適反応です。相手が防衛政策を選んだ場合にのみ、景気刺激と子育て政策が無差別になります。よって、お互いに最適反応を選択することになる「2人とも子育て政策を選ぶ」がナッシュ均衡になります。コンドルセ勝者を選ぶことがナッシュ均衡というわけです。この例に限らず、候補者が2人の選挙においてコンドルセ勝者が存在するならば、そのコンドルセ勝者を公約として選択することがナッシュ均衡になることが古くから知られています（ダウンズ、1980）。

　コンドルセ勝者とは、他のどの選択肢にも負けることはなく、勝つか引き分けることができる選択肢です。ということは、そのコンドルセ勝者を選べば、相手がどんな政策を選んだとしても負けることはありません。勝つか、引き分けるか、どちらかです。よって、選挙に勝ちたいのならば、コンドルセ勝者を選ぶことが最適になるわけです。この例では、過半数の人に最も好まれるような選択肢はありませんでした。でも、他の選択肢との1対1での争いならば、多数派の人に支持され勝利する、あるいは引き分けになる選択肢が、コンドルセ勝者として存在しています。そのコンド

表5：コンドルセ勝者が存在しない場合

		政党B		
		景気刺激	子育て政策	防衛政策
政党A	景気刺激	0.5，0.5	0，①	①，0
	子育て政策	①，0	0.5，0.5	0，①
	防衛政策	0，①	①，0	0.5，0.5

ルセ勝者が選ばれるわけですから、ここでも少し形は違うとはいえ、多数派からの支持を得られる政策が選ばれることになるわけです。

3．ときに公約は曖昧に

前節の例ではコンドルセ勝者が存在していました。それでは、コンドルセ勝者が存在しない場合には、どうなるでしょうか。4章の表2の例を考えてみましょう。表4として再掲しています。この例でコンドルセ・ルールを用いると、景気刺激は防衛政策に勝ち、子育て政策は景気刺激に勝ちますが、防衛政策が子育て政策に勝ってしまいます。選挙のサイクルが生じており、コンドルセ勝者は存在しません。

　この状況下で2政党が政策を選択する場合の利得表を、表5に示しています。前節の例とは異なり、相手が子育て政策を選んでいた場合、防衛政策を選べば勝利できます。ですので、両党が子育て政策を選択することは均衡になりません。相手が防衛政策のときには景気刺激を、景気刺激のときには子育て政策を、子育て政策のときには防衛政策を取ることが最適反応であり、相手の最適反応も同様です。表5では、最適反応になる利得に○をつけています。お互いに最適反応を取り合う結果は存在していないように見えます。実は、「各選択肢をそれぞれ1／3ずつの確率で選ぶ」という戦略が均衡になるのですが、実行される政策が何かは明確ではありません。多数派に常に好まれるような選択肢が無いわけですから、勝つために選ぶべき選択肢も明確ではないようです。ちなみに、確率1／3ずつで選ぶような「確率的に選択肢を選ぶ」という戦略は**混合戦略**と呼ばれています。混合戦略も含めて均衡を求めようとすると、計算の難易度が格段に上がりますので、本書では混合戦略に関する詳細な議論は行わないことにします。

以上のモデルでは、両候補者は政策を同時に決定すると仮定していました。しかし、実際には一方の候補者が公約を発表した後に、その公約内容をふまえて他方の候補者が公約を発表する場合もあります。例えば、現役の政治家が続投の意向を発表するとともに公約を発表し、それを見たうえで対抗馬も公約を発表するなどの状況です。そこで、政党Aが最初に政策を決め、その政策を知った後に、政党Bが政策決定を行うと考えてみましょう。その後、政党Aは政策の変更を行うことはできないとします。ゲームの木は少し大きくなるので、ここでは書かないで分析していきましょう。

結論を先に言ってしまうと、同時決定のときと同様に実行される政策は定かではないのですが、「政党Bが必ず勝利する」ということだけははっきりと言えます。後ろ向き帰納法を用いて、最後の意思決定者である政党Bの選択から考えてみましょう。コンドルセ勝者がいないということは、最初に政党Aが選択した政策に勝てる別の政策が必ず存在することを意味します。例えば、政党Aが防衛政策を選んだ場合には景気刺激を、景気刺激の場合には子育て政策を、子育て政策の場合には防衛政策を選択することで、確実に勝つことができます。よって、政党Bは政党Aに必ず勝つことができる政策を選択することが最適反応になります。次に、最初の意思決定者である政党Aの選択を考えます。政党Aはどんな政策を選んでも勝つことができないため、すべての政策に対して無差別になりますね。「どれを選んでも勝てないから、どれでもいいや」となるわけです。よって、部分ゲーム完全均衡では政党Aが政策のうち1つを適当に選び、政党Bがそれに勝てる政策を選ぶことになります。その結果、政党Bが勝利するわけです。

ただし、このような状況を政党Aが甘んじて受け入れるとは思えません。当然、政党Bの後に政策を発表しようとするでしょう。そして政党Bも、政党Aの後に発表しようとします。このような駆け引きの結果、選挙戦の最後まで公約が曖昧になる可能性が指摘されています（Kamada and Sugaya, 2020）。実際にも各党の公約をまとめたマニフェストにおいて、明確な数字などは出さずに曖昧に公約を記述することが多くあります。コンドルセ勝者が存在しないような政策課題であるということが、このような曖昧な公約が発表される一因であると言えるでしょう。多数派の支持がはっきりしない場合には、明確な政策提言ができないまま議論が進んでいく可能性があるわけです。

4．熱狂的支持者の哀しい命運

4．1　熱狂的支持者の存在

以上のモデルでは、有権者は政策のみを気にしていました。しかし、実際には特定の政党や政治家を強く支持する有権者がいます。例えばアメリカにおいて、福音派などのキリスト教原理主義と言われる宗派に属する人たちは、民主党ではなく共和党を強く支持する傾向があります。このような人たちは、宗教的価値観から同性愛結婚や避妊手術に反対するなどの価値観を持っています。共和党はこれらに否定的な立場である一方で、民主党は肯定的な立場です。キリスト教原理主義の人々はその価値観に基づき、共和党がどんな（宗教的価値観とは関係がない）政策を掲げようが、共和党を強く支持することが多くあります。宗教団体ではなくとも、価値観の合致などから特定の政党や政治家を強く支持する人たちも多くいます。また政治家でしたら、その人柄に魅了されて支持する人たちもいるでしょう。政治家にとって、この強い支持基盤となっている人たちの意見は、どのくらい重要でしょうか。政治家の立場になって考えてみましょう。以下の議論は、Dixit and Londregan（1996）のモデルを単純化したBueno de Mesquita（2016, 10章）に基づいています。

２つの政党ＡとＢの間での選挙を考えます。選挙で争点となっている政策課題は主に経済政策であるとします。同時に、有権者の中には、経済政策以外の側面で政党Ａや政党Ｂを支持している有権者もいるとします。例えば、政党Ａは宗教的価値観を重んじる一方で、政党Ｂはそのような宗教的価値観を政治に持ち込むべきではないと考えているとしましょう。宗教を重んじる人々は、両党が同じ経済政策を選択するならば政党Ａを支持するはずです。一方で、宗教的価値観からは脱却すべきだと感じている人たちは政党Ｂを支持します。このように特定の政党を支持している有権者がいる一方で、特に宗教的価値観には興味がなく、経済政策のみを重視する有権者もいます。以上の３つの有権者の集団がおり、各集団に属する有権者は１／３ずつである状況を考えましょう。各集団を以下のように呼んでいきます。

① Ａ支持者：政党Ａを強く支持する有権者の集団
② Ｂ支持者：政党Ｂを強く支持する有権者の集団
③ 浮動有権者：特定の政党を支持しない有権者の集団

「浮動」という言葉は、選挙ごとに支持政党が異なることを意味し、特定の支持政党がない有権

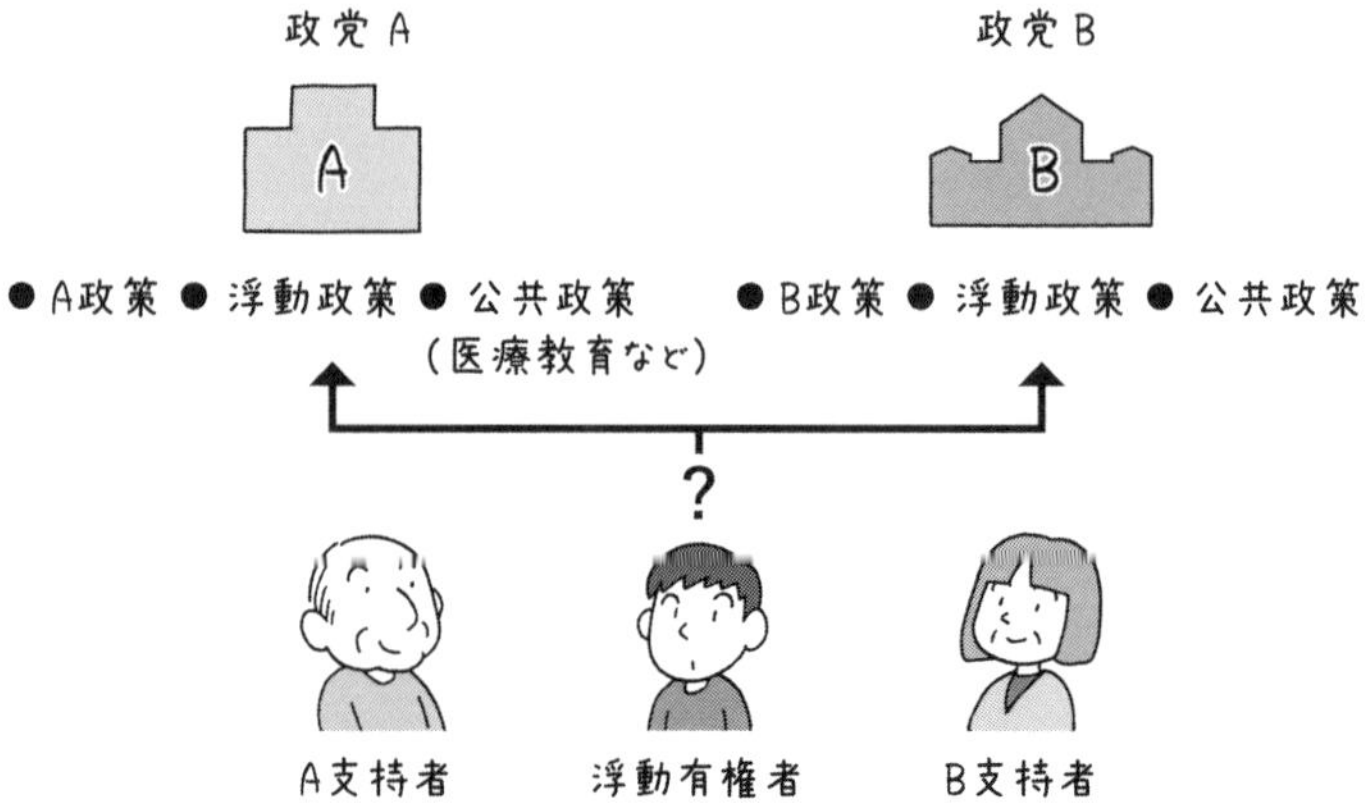

者が持つ票を浮動票と言います。

各集団で、住んでいる場所や背景が異なっているとしましょう。例えば、アメリカのキリスト教原理主義の人たちは、バイブル・ベルトと呼ばれる中西部から南東部にかけての州に多く住んでいます。また、民主党の支持者には黒人をはじめとするマイノリティの支持者が多くいます。一方で、オハイオ州、フロリダ州、ウィスコンシン州などはスイング・ステート（揺れる州）などと呼ばれ、共和党と民主党の支持が拮抗しています。このような地域では、浮動票の保持者が選挙を左右しています。各集団の背景が異なるのであるならば、特定の地域や背景の人たちに多くの配分を与えることで、その集団を利する経済政策を実施することが可能です。同時に、すべての人を利するような公共政策も選択肢としてあります。そこで、以下の4つの選択肢が経済政策にはあるとしましょう。

表6：浮動有権者の好みの順番

最も好ましい結果	浮動政策を選択した政党の勝利
2番目に好ましい結果	公共政策を選択した政党の勝利
最悪の結果	A政策かB政策を選択した政党の勝利

- **A政策：A支持者のみに大きな利益を与える政策**
- **B政策：B支持者のみに大きな利益を与える政策**
- **浮動政策：浮動有権者のみに大きな利益を与える政策**
- **公共政策：すべての有権者にそこそこの利益を与える政策**

イメージとしては、A政策、B政策、浮動政策は、それぞれA支持者、B支持者、浮動有権者が多い地域への利益誘導政策であり、公共政策は医療や教育など全国民を利する政策という感じです。個々の有権者は、自分が属する集団のみを利する政策の方が公共政策より好ましいと思っています。また、公共政策の方が、他の集団のみを利する政策よりも好ましいと思っています。ただし、対立政党の支持者を利するような政策は選ばないと考えましょう。政党AはB政策を選ぶことはなく、政党BはA政策を選ぶことはないと仮定するということです。

浮動有権者は特段政党への強い支持はありません。政策だけを重視します。ですので、浮動有権者の選挙結果への好みの順番は、表6のようになります。最も好む結果は浮動政策を選んだ政党の勝利であり、次いで公共政策を選んだ政党の勝利を好んでいます。最悪の結果は、浮動有権者を一切利すること

表7：A支持者の好みの順番（政党支持が弱い場合）

	勝利する政党	選ばれた政策
1番好ましい結果	政党A	A政策
2番目に好ましい結果	政党A	公共政策
3番目に好ましい結果	**政党B**	**公共政策**
4番目に好ましい結果	**政党A**	**浮動政策**
5番目に好ましい結果	政党B	浮動政策／B政策

注：政党Bの好みの順番は、この表のAとBを入れ替えたものである。

のないA政策かB政策を選択している政党が勝つことです。この場合、勝利政党は政党Aでも政党Bでも構いません。よって、政党ではなく政策のみに基づいて自身の投票先を決めることになります。

4．2　政党支持が強くない場合

一方で、A支持者とB支持者にとっては、「勝利政党はどちらでも良い」というわけにはいきません。特定の政党を支持する有権者（A支持者とB支持者）は、政策に対する好みだけではなく、勝利政党に対する好みも持っています。例えば、A支持者を考えてみましょう。表7に示したように、A支持者にとって最も好ましい結果は、A政策を選んだ政党Aの勝利です。最も好ましい政策を、最も好ましい政党が選んでくれています。2番目に良い結果は、公共政策を選んだ政党Aの勝利です。利益の大きさはA政策ほどではないものの、A支持者をそこそこ利する政策を、最も好ましい政党が選ん

表8：政党への支持が強くない場合

		政党B 浮動政策	政党B 公共政策	政党B B政策
政党A	浮動政策	0.5 , 0.5	0 , ①	① , 0
政党A	公共政策	① , 0	(0.5) , (0.5)	① , 0
政党A	A政策	0 , ①	0 , ①	0.5 , 0.5

でくれています。一方で最悪の結果は、浮動政策かB政策を選択した政党Bの勝利です。A支持者を利することのない政策を、最悪の政党が選んでしまっています。

ここまでの好みの順番は、違和感ないはずです。問題は、表7において太字で示している「公共政策を選んだ政党B」と「浮動政策を選んだ政党A」の間の好みです。政党としては政党Aの方が良いのですが、政策は公共政策の方が良いため、好みの順番が明確ではありません。まず本項では、A支持者にとって「公共政策を選んだ政党B」の方が「浮動政策を選んだ政党A」よりも好ましい状況を考えましょう。逆の場合は、次項で検証します。「宗教的価値観は大切だけど、経済政策の違いの方が重要」と思っており、そこまで政党支持は強くない状況です。B支持者の好みは、表7のAとBを入れ替えたものになります。A支持者と同様に政党支持は弱く、「公共政策を選んだ政党A」の方が「浮動政策を選んだ政党B」よりも好ましくなっています。

政党に関する設定は今までと一緒です。勝利確率の最大化が政党の目的であり、公約は選挙後に必ず実現されるとします。このゲームの利得表は、表8になります。まずは、政党Ｂの各戦略に対する政党Ａの最適反応を考えてみましょう。

(1) 政党Bが浮動政策を選択しているとき

政党Ａが同じ浮動政策を選択すれば勝利確率は50％です。政党Ａが公共政策を選択した場合、浮動有権者は政党Ｂを支持しますが、表7が示すように、Ａ支持者とＢ支持者は政党Ａを支持します。よって、政党Ａが勝利します。最後に、政党ＡがＡ政策を選択した場合には、Ｂ支持者と浮動有権者が政党Ｂを支持するため、確実に負けます。よって、最適反応は公共政策です。

(2) 政党Bが公共政策を選択しているとき

政党Ａが同じ公共政策を選択すれば勝利確率は50％です。政党Ａが浮動政策を選択した場合、浮動有権者は政党Ａを支持し、Ａ支持者とＢ支持者は政党Ｂを支持するため、政党Ａは確実に負けます。政党ＡがＡ政策を選択した場合には、Ｂ支持者と浮動有権者が政党Ｂを支持するため、確実に負けます。よって、最適反応は公共政策です。

(3) 政党BがB政策を選択しているとき

政党ＡがＡ政策を選択すれば、浮動有権者が両党の間で無差別となるため、勝利確率は50％で

表9：A支持者の好みの順番（政党支持が強い場合）

	勝利する政党	選ばれた政策
1番好ましい結果	政党A	A政策
2番目に好ましい結果	政党A	公共政策
3番目に好ましい結果	**政党A**	**浮動政策**
4番目に好ましい結果	**政党B**	**公共政策**
5番目に好ましい結果	政党B	浮動政策／B政策

注：政党Bの好みの順番は、この表のAとBを入れ替えたものである。

す。政党Aが公共政策や浮動政策を選択した場合、少なくともA支持者と浮動有権者は政党Aを支持します。よって、政党Aは確実に勝てます。ここでの最適反応は、公共政策と浮動政策の2つです。

政党Bも同様の最適反応になります。表8では、最適反応を選択した場合の利得に○をつけています。以上の議論から、お互いに最適反応を取り合っているナッシュ均衡は、「両党ともに公共政策を選択する」であることがわかります。

4.3 政党支持が強い場合

前項のモデルでは、政党への支持が弱く、A支持者にとって「公共政策を選んだ政党B」の方が「浮動政策を選んだ政党A」よりも好ましい状況を考えてきました。それでは表9に示したように、政党支持が強く、「浮動政策を選んだ政党A」の方が「公共政策を選んだ政党B」よりも好ましい状況を考えてみましょう。

表10：政党への支持が強い場合

		政党B		
		浮動政策	公共政策	B政策
政党A	浮動政策	(0.5) , (0.5)	① , 0	① , 0
	公共政策	0 , ①	0.5 , 0.5	① , 0
	A政策	0 , ①	0 , ①	0.5 , 0.5

表9で太字の箇所以外は、表8と同じです。前項よりも、政党への支持は強まりました。宗教的価値観をとても重視しているため、自分を全く利することない経済政策を掲げていてもA支持者は政党Aを支持しているような状況です。B支持者の好みは、表9のAとBを入れ替えたものです。

このときの利得表は、表10になります。政党Aの最適反応を考えましょう。前項の表8とは異なる部分だけ議論します。政党Bが公共政策を選んでいるときを考えましょう。前項では公共政策が最適反応でしたが、ここでは浮動政策が最適反応です。浮動政策を選べば、浮動有権者の支持に加えて、A支持者からの支持も維持できるからです。表9が示すように、「浮動政策を選んだ政党A」の方が「公共政策を選んだ政党B」よりも好ましいですからね。逆に政党Bが浮動政策を選んでいるときに、自分が公共政策を選ぶと負けてしまいます。公共政策をとってもB支持者の支持は得られず、A支持者しか支持してくれなくなるからです。その他の最適反応は、前項と変わりありません。最適反応は、表10に◯をつけて示し

ています。

表10を見ればわかるように、ナッシュ均衡は「両党ともに浮動政策を選択する」になります。ちょっと不思議なことが生じていますね。前項（表7）に比して、A支持者とB支持者の政党への支持は強まったはずです。その結果、選択された政策は公共政策から浮動政策に変わってしまいました。政党支持者が政党への支持を強めた結果、自分には全く利益の無い政策に変更されてしまったわけです。

政党は自身を強く支持してくれる有権者を気にかける必要はありません。むしろ、選挙結果を左右する浮動有権者に最大限の利益を与えた方が、勝利確率を高めることができます。政党支持が強い場合には、公共政策ではなく浮動政策を選んでも、熱狂的支持者たちの支持は離れません。よって、浮動有権者の支持を得るために、浮動政策を選んだ方がよくなるわけです。探偵が指摘した「ただただ付き従ってくるだけの人間」と同様に、より強く支持してくれる有権者も、選挙において「どうでもよい存在」になってしまう可能性があることを、このモデルは端的に示しています。

アメリカの大統領選でも、候補者が率先して選挙活動を行う州は選挙によって支持政党が異なってくるスイング・ステートです。さらにスイング・ステートは、政策的に優遇されることもあります。近年の例として、アメリカ近海における石油採掘政策があります。ドナルド・トランプ政権は２０１８年にアメリカのすべての海域で石油採掘を容認するという宣言をしました。環境破壊も伴うため、沿岸部にある州は総じて反対の姿勢を示しましたが、政府はフロリダ州沖だけ海洋採掘計画から除外すると決定します。フロリダ州は代表的なスイング・ステートの１つです。また、２０００年の大統領選では共和党候補（ジョージ・W・ブッシュ）と民主党候補（アル・ゴア）の得票差がたった５３７票という接戦となり、選挙の勝敗を分けた州でした。スイング・ステートであるからこそ声が通った一方で、その他の沿岸部の州は比較的支持政党が明確なため声が通らなかった事例であると言われています（Tabuchi, 2018）。

５．意見の統一度

政治家は、選挙結果を左右する浮動票の保持者たちを重視することがわかりました。それでは、その浮動票の保持者たちの中では、誰の意見が優先されるでしょうか。２つの有権者のグループを考えてみましょう。1つは、何らかの特定の政策の実施を約束してくれれば、必ずその政党を支持してくれるような有権者のグループです。意見が統一され、求めている政策が明確な人たちですね。例えば、農業従事者など特定の産業で働く人たちのグループが考えられます。一部の産業団体では、その産業を守り育てていくために、安価な輸入品に対する関税を設けるなどの規制政策が必要だと考えています。このようなグループでは、意見が統一され、規制強化という明確な政策を求めていると言えます。

もう1つが、意見が統一されておらず、特定の政策を約束しても必ずしも全員が支持してくれるわけではないグループです。例えば、消費者を考えてみましょう。より良いものを安価で手に入れたい消費者にとっては、産業保護のための過剰な規制は好ましくありません。しかし、消費者には様々な背景を持った人たちがいます。職業も異なりますし、産業規制に対する意見も異なるでしょう。意見がバラバラで、求めている政策は明確ではありません。

政党や候補者ならば、この2つのグループでどちらのグループを重視するでしょうか。意見が統一された方のグループからは、グループが好む政策を約束しただけで手堅く票をもらうことができます。一方で、意見が統一されていないグループに対する政策は明確ではないうえに、約束しても票につながる確証はありません。それならば、確実に票につながる前者を重視します。貿易政策において、自由貿易で安くて良いものを手に入れたい消費者よりも、保護貿易で自国産業を守りたい生産者の意見の方が政治的に重視される一因でしょう。消費者の方が人数は圧倒的に多いですが、人数が必ずしも重要ではなく、票を得られる確実性の方が重要になってくる例の1つです。

6．誰のための政策を選ぶのか

本章の前半で見てきたように、過半数に支持される政策やコンドルセ勝者など、多数派に支持される政策が選択されるだろうことは予想通りかと思います。その一方で後半の議論では、人数が多いということだけが重要ではない点が示されました。人数がそれほど多くなくても、浮動票の保持者や意見の統一されている集団など、選挙を左右しやすい人たちの意見が政策に反映されやすいからです。政治家の気持ちになり、そのインセンティブから考えていくと、意思決定において自身の選択がより多くの票を得る結果になるか否かが、最も重要な判断基準であると推察できます。

票ではなく献金を与えてくれる人々を重視する可能性も、もちろんあります。しかし、日本では、政治献金の額は厳しく規制されています。多額の献金を通して便宜をお願いすることは、難しくなっていると言って良いでしょう。しかし、目の前にお金を積んで政策の実施・変更をお願いすることは難しくても、目の前に票田を積むことで政治家の行動を変えることはできるかもしれません。選挙というのは、そのくらい政治家にとって重要なものだと言えます。

探偵からの挑戦状

政商として名を馳せた栄龍翁は、多額の政治献金をしていた。しかし栄龍翁は、その献金を「捨て金」と呼んでいたようだ。なぜ「捨て金」なのかを考えるために、利益団体側の意思決定を考えよう。降矢木産業とライバル企業の2人のプレーヤーがおり、政治献金額を「少額」にするか「多額」にするかを決める。少額の献金は企業にとって大したことではないが、多額の献金は経営を苦しくさせる。よって、「多額」を選んだ場合には1の費用がかかるとしよう。政治家は献金額によ

		ライバル企業	
		少額	多額
降矢木産業	少額	2，2	0，3
	多額	3，0	1，1

って政策を決めるため、額の多い方に有利な政策を実行すると考える。有利な政策を実行してくれた企業は4の利得を得る一方で、相手に有利な政策を実行されてしまったときの企業の利得は0とする。もし両企業とも同額だった場合には政策は現状のままであり、現状の政策から得られる各企業の利得は2とする。よって、利得表は前頁のようになる。ナッシュ均衡を求めたうえで、なぜ「捨て金」なのか説明してくれたまえ。

答え

このゲームでは、支配戦略は「多額」になる。よって、ナッシュ均衡は「両企業とも多額の献金をする」だ。しかし、これはパレート最適な結果じゃない。両企業とも「少額」にすれば、利得は1から2に改善するからね。両企業とも多額の献金をしてしまうから、結局政策は現状のままだ。献金をもらえた政治家だけが、得することになる。まさに「捨て金」だね。だからといって、自社だけが「少額」に変えたら、相手に有利な政策に変えられてしまう。囚人のジレンマ的状況だと言えそうだ。政治献金には、このように利益団体にとっても好ましくない側面はあるのだよ。献金やらパーティー券やらで、政商も大変だ。

明け方、湖のほとりで清一郎の死体を見つけたのは珠世であった。

熟睡していた私は、ちょうど遺体が司法解剖で運ばれた後に駆け付けることとなる。「いったい、誰が……」と戸惑う私をちらりとだけ見た探偵に、珠世は問いかけた。

「あなたを探偵に雇ったのは、お父さまでしたね」

「はい。しかし、ぼくが来た時にはすでに栄龍翁は危篤状態でした」

「ではなぜ、あなたはまだここにいるのですか。もう雇われの身ではないはずです」

珠世の非難をものともせず、探偵は言う。

「真の名探偵は、誰からも雇われないものですから」

探偵は誇らしげに鼻の穴を膨らませた。

「それにどうやら、これはぼくにとっても大切な事件になりそうです」

第6章 政治家は誰のマリオネットか

前章では、政党や候補者が選挙に勝つために、選挙を左右する有権者の好む政策を公約として掲げることを議論してきました。それでは、選挙に勝った後はどうなるでしょうか。選挙に勝利することで、大統領や知事など一定の権力を握る立場に立つことができます。では、「あとは有権者のことなど気にせずに、この権力を思う存分自分のために使うぞ」と言うことはできるでしょうか。できませんよね。大統領でも、知事でも、議会議員でも、政治家には任期があります。その任期が終われば、次の選挙が待っています。好き勝手なことを在任期間中にやりすぎれば、次の選挙で負けてしまうかもしれません。負けてしまえば、ただの人です。もう権力や権限を自由に使うことはできなくなってしまいます。

ゲーム理論の言葉で言えば、政治家は有権者の**エージェント**です。エージェントとは、日本語では代理人と訳される言葉で、他の誰かに雇われ、その者の代わりに意思決定をする人です。このエージェントを雇う依頼人のことを**プリンシパル**と言います。本来はプリンシパルが意思決定権限を持っていますが、そのための情報や能力に欠けている場合も多くあります。例えば投資家は多額の資産を持っています。そして、その資産を投資することで、企業を所有することになります。しかし、投資家には企業を経営し利潤を高める能力がなかったり、あるいはその時間が無かったりするでしょう。このとき、投資家は、自身より専門性を有して経営能力の高い経営者を雇い、自分の代理人として企業の経営に関する意思決定を依頼するわけです。この場合、投資家がプリンシパルであり、経営者がエージェントとなります。依頼人と探偵の関係もまた、プリンシパルとエージェントですね。

　政治の世界で言えば、幅広い政策の知識がなく、また合議して意思決定をしていく時間のない有権者が、政治家に政策の意思決定を依頼しているわけです。有権者が払った税金で、政治家が有権者の代理として雇われているため、有権者がプリンシパルで政治家がエージェントです。このようなプリンシパルとエージェントの関係を分析する手法として、**プリンシパル＝エージェント理論**（本人・代理人理論）があります。本章では、このプリンシパル＝エージェント理論の視点から、「政治家に国民のために行動させるためにはどうするべきか」という謎を検証していきましょう。

1．政治家のエージェンシー問題

プリンシパルとしての有権者が、エージェントである政治家を雇えばそれですべてうまくいくわけではありません。プリンシパルとエージェントの間には大きな2つの大きな問題があります。1つが、両者間の利害対立です。有権者は政治家に対し、有権者を利するような政策を実行してほしいと願っています。しかし、政治家は一部の利益団体と癒着し、その利益団体への利益誘導を行うかもしれません。あるいは、努力することを嫌がり、政治家としての活動を怠けるかもしれません。このような利害対立が両者間である場合、政治家は有権者の利益に反した決定をしてしまうという問題が生じ得ます。

第2に、政治家の資質を有権者がわからないという問題です。政治家が有能であるか否か、利益団体と癒着しているか否か、有権者のことを第一に考えるような人物であるか否か、など政治家の資質を有権者は簡単に知ることができません。有権者はできるだけ良い資質を持った人を再選し続け、資質に欠ける人は落選させたいと思うでしょう。しかし、資質に欠ける政治家は、できるだけそのことを隠そうとするため、より良い資質の政治家を残していくことができなくなる問題が生じ得ます。

エージェントが抱えるこれらの問題を、**エージェンシー問題**と言います。プリンシパルとしては、これらの問題を解決したいと考えます。そこで、プリンシパル＝エージェント理論では、エージェントの立場に立ち、エージェントのインセンティブを理解しながら解決策を模索します。例えば、プリンシパルとエージェントが、投資家と経営者や、依頼人と探偵などの場合、プリンシパルの意向に沿えば報酬を与え、それに反した場合には懲罰を与えるなどの契約を通して、これらのエージェンシー問題を軽減できることが示されてきました。

一方で、政治家と有権者の間で交わす契約書はないため、契約を通じて解決することは難しいでしょう。しかし、契約書の代わりに、選挙がエージェンシー問題の解決方法として機能していることが指摘されています。それでは、選挙がどのようにエージェンシー問題を解決していくのでしょうか。主に Besley（2006）に基づきながら議論していきましょう。

2. 政治家を規律付ける：規律効果

まず、政治家と有権者の間に利害対立があり、政治家が有権者にとって好ましい政策を実行しないというエージェンシー問題に関して考えます。現職政治家と有権者の2人のプレーヤーがいるとします。同時に、「利益団体」と現職政治家と選挙で争う「挑戦者」が登場しますが、利益団体と挑戦者は戦略的に意思決定をするプレーヤーとしては分析されません。また、実際の有権者は多数存在しますが、ここでは1人のプレーヤーとして分析していきましょう。有権者の大多数が共通の利益を持ち、協調して意思決定を行うことができると暗黙のうちに仮定している

表1: 政策から得られる利得

	好政策から得られる利得	嫌政策から得られる利得
有権者	3	0
現職政治家	0	3

表2: 再選された政治家から有権者が得る利得

最も好ましい	好政策を実行した現職政治家	2の利得
2番目に好ましい	挑戦者	1の利得
最も好ましくない	嫌政策を実行した現職政治家	0の利得

ことになります。現職政治家は、有権者が好んでいる政策と、好んでいない政策の２つの選択肢の中から実行する政策を選択するとします。５章１節と同様に、有権者が好んでいる政策を「好政策」、好んでいない政策を「嫌政策」と呼びます。現職政治家は実行する政策を選択した後、次の選挙に出馬するとします。この任期を最後に引退するのではなく、まだまだ働きたいと思っているということです。

ただし、この現職政治家は一部の利益団体と強い関係を有しているとします。その利益団体に利益誘導することによって、多くの政治献金を受け取ることができたり、あるいは政治家自身が利益団体を支えることを使命だと思っていたりする状況です。さらに、有権者と利益団体の間で利害の対立があるとしましょう。前述の通り、有権者は好政策を嫌政策より好んでいますが、利益団体は嫌政策を好政策より好んでいるとします。ですので、「嫌政策」というのは一種の利益誘導政策であるとも解釈できます。また、利益団体と深い関係のある現職政治家も、嫌政策の実行を好んでいるとしましょう。つまり、プリンシパ

ルである有権者と、エージェントである現職政治家の間に政策上の利害対立があることになります。具体的には、表1が示しているように、好政策が実行された場合は有権者のみが3の利得を得る一方で、嫌政策が実行された場合には現職政治家（と利益団体）のみが3の利得を得るとします。

　現職政治家が政策を実行し、それを有権者が観察した後、有権者は現職を再選させるか否かを決定します。ここで、有権者は好政策を実行した現職政治家は再選させたいと思う一方で、嫌政策を実行した現職政治家は落選させたいと思っているとしましょう。現職政治家を落選させるということは、対抗馬として出馬していた挑戦者が勝利することになります。政策は選挙の前に実行されており、選挙を通して政策を変えることはできません。よって、政策に関しては取り返しのつかないものであり、選挙において過去のことを気にしても仕方がないとも言えます。しかし、好ましくない政策を実行した政治家に対しては、嫌悪感なり、不信感なりを抱くでしょう。一方で、自分が好む政策を実行してくれるような政治家のことは支持することもあると思います。このような感情的な部分も考慮し、好政策を実行した政治家を好み、嫌政策を実行した政治家を嫌うと考えています。具体的には表2が示しているように、好政策を実行した現職政治家が再選された場合の有権者の利得は2である一方で、嫌政策を実行した現職政治家が再選された場合の有権者の利得は0とします。また、現職政治家が落選し、挑戦者が当選した場合の利得は1とします。現職政治家は、落選した場合には利得は0ですが、再選されれば5の利得を得るとしましょう。

このゲームのゲームの木は、図1になります。最後に示している利得は、1番目の数字が現職政治家の利得で、2番目の数字が有権者の利得です。最終的な有権者の総利得は、政策からの利得と、再選された政治家からの利得を足し合わせたものです。例えば、好政策を実行した現職政治家を再選させた場合、有権者は好政策から得られる利得3に加えて、好政策を実行した現職政治家を再選させたことによる利得2を得ます。よって、総利得は5となります。このゲームの木に対して、後ろ向き帰納法を用いて部分ゲーム完全均衡を求めてみましょう。最後の意思決定者である有権者からはじめます。現職政治家が好政策を選択した場合、その現職政治家を再選させれば5の利得を、落選させれば4の利得になるため、有権者は再選を選択することが最適です。

図1: 再選が魅力的な場合

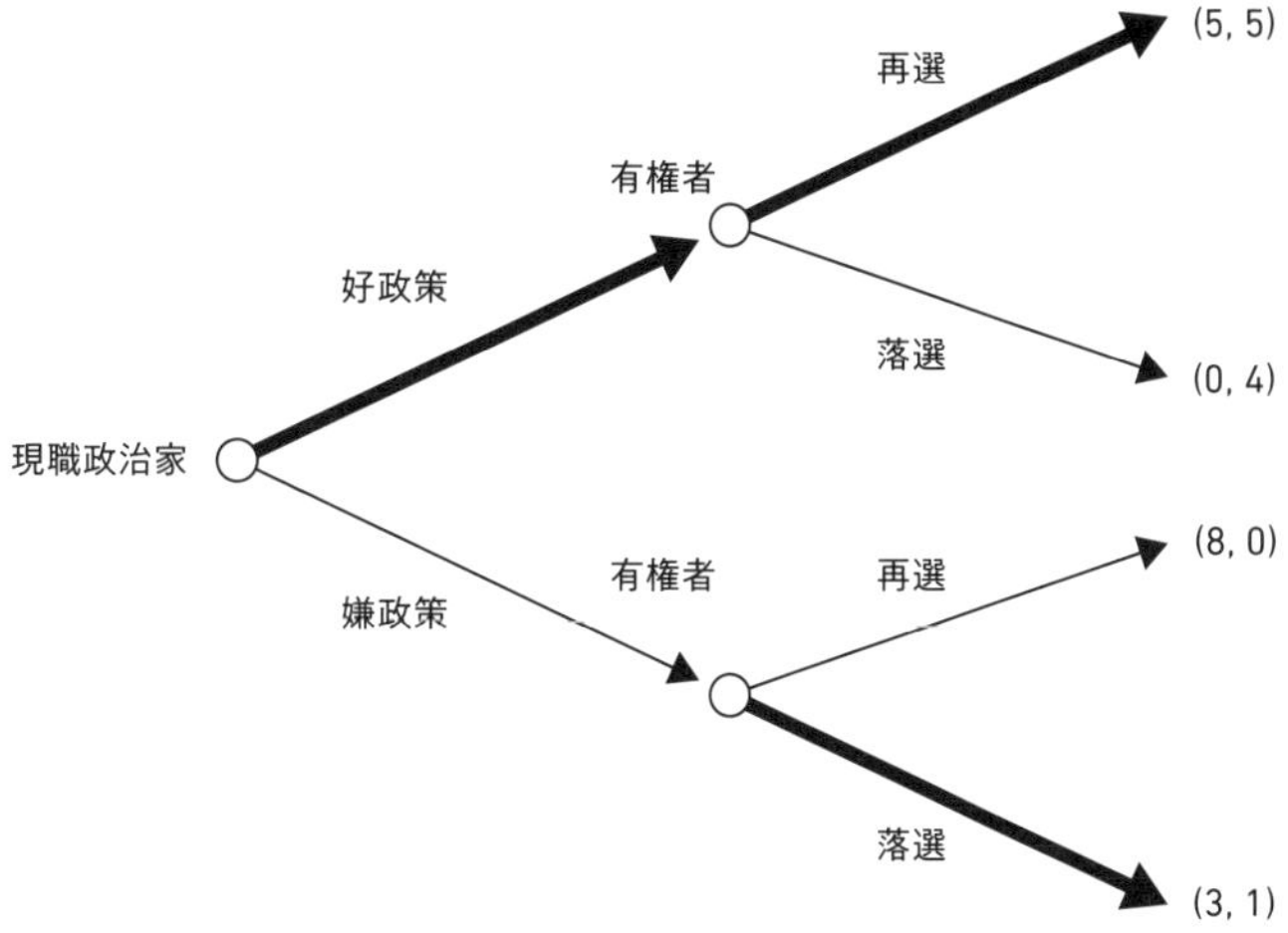

現職政治家が嫌政策を選択した場合、有権者は政策からの利得を得られないため、現職政治家を再選させれば0の利得を、落選させれば1の利得を得ます。よって、有権者は落選を選択することが最適です。以上から、有権者は好政策を実行した現職政治家を再選し、嫌政策を実行した現職政治家は再選しないことになります。

　次に、最初の意思決定者である現職政治家の選択に戻りましょう。好政策を選択すれば再選されるため、利得は5です。一方で、嫌政策を選択すれば落選となるため、利得は嫌政策から得られる利得の3のみです。よって、好政策を選択することが最適です。以上の分析から、部分ゲーム完全均衡では、現職政治家が好政策を選択し、有権者はその現職政治家を再選させる結果に

図2：再選が魅力的ではない場合

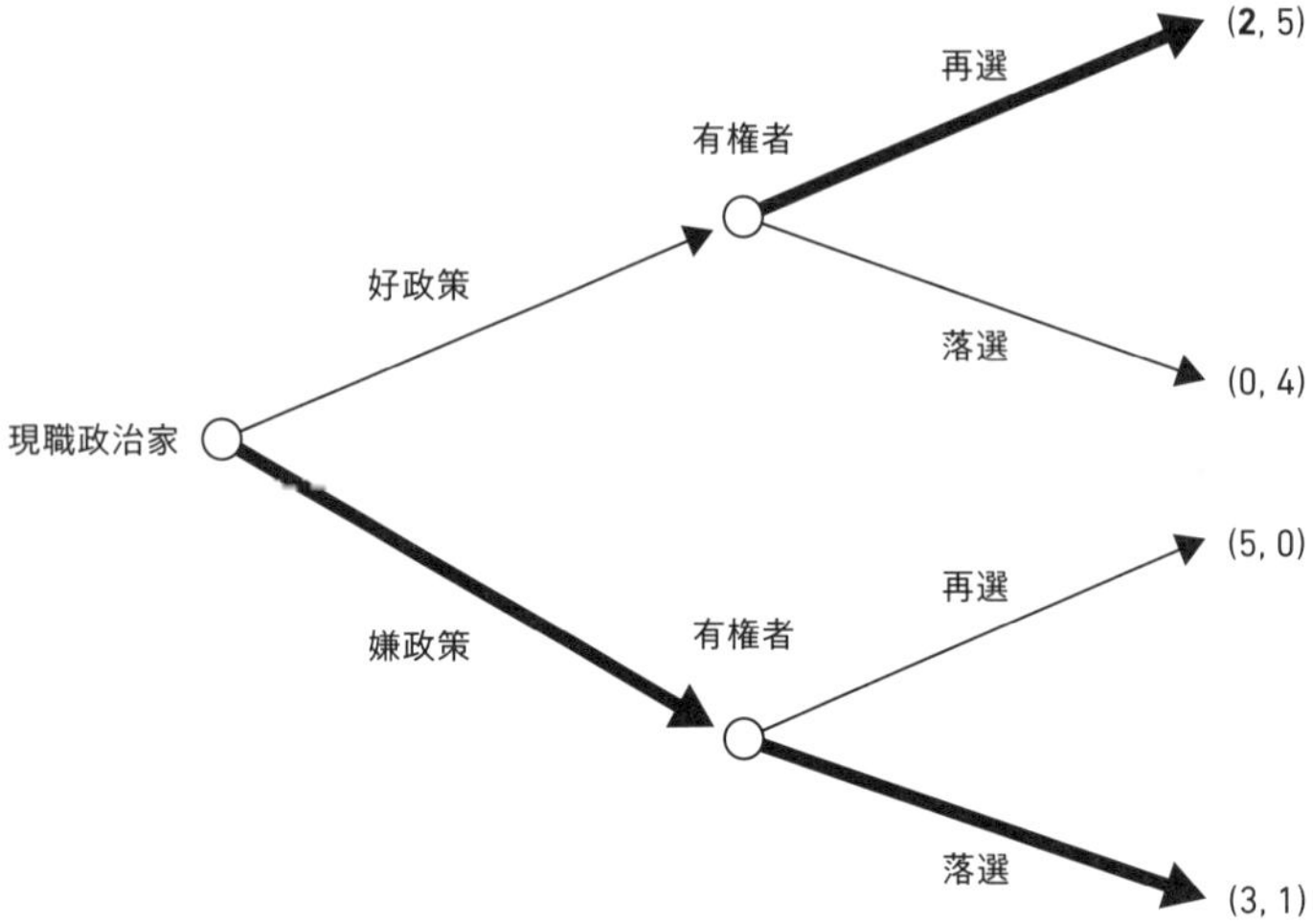

なります。

　このゲームでは、利己的な現職政治家を考えました。現職政治家は選挙に勝つことを好むとともに、有権者が好まない政策を実行することで私的利益を得ています。つまり、現職政治家は有権者と利害対立を抱え、決して有権者に寄り添おうとは思わない人です。このような現職政治家であっても、再選されることが十分に魅力的であれば、有権者が好む政策を選択するインセンティブを持つということが示されています。よって、政治家が有権者の意向を無視した決定をしてしまうというエージェンシー問題は軽減されることになります。このように、選挙には有権者の利益のために行動するように規律付けるという効果があります。この効果を、**規律効果**と言います。

ただし、この効果を発揮するためには、再選が十分に魅力的である必要があります。ここで、再選が魅力的ではなくなり、再選されることによって現職政治家が得ることができる利得が5ではなく2になったとしましょう。図2が、魅力的ではない場合のゲームの木です。5から2に変わった利得だけ太字で示しています。有権者の最適な行動は変わりませんが、現職政治家の最適な行動は変わっています。好政策を選べば、再選されて2の利得を得る一方で、嫌政策を選べば再選はされませんが、利益誘導から3の利得を得ます。よって、嫌政策を選択することが最適であり、有権者にとって好ましくない政策が実行されてしまいます。規律効果が働くためには、再選が十分に魅力的である必要があるわけです。

3. 政治家を選抜する：選択効果

次に、2つ目のエージェンシー問題を考えていきます。つまり、政治家の資質がわからないために、より良い資質の政治家を残していけないという問題です。前節では、選挙に勝ちたいうえに、利益団体と癒着するなど有権者と利害対立をしている政治家を考えてきました。ちょっと悪い奴ですね。前節で見たように、そんな悪い奴でも選挙に勝ちたいと思っているならば、有権者が好む政策を実行する場合があります。でも、有権者と利害対立をしているような政治家は、いつか有権者にとって好ましくない行動を取るかもしれません。できれば、有権者と大きな利害対立を抱えない政治家を選びたいと思うでしょう。利益団体と癒着するような政治家か、あるいは清廉潔白な政治家かは、政治家の資質に関わる部分です。また、政治家の資質は清廉潔白さだけではありません。例えば、政治家として有能なほど、震災や感染症拡大などの緊急事態に的確な判断ができるでしょう。できれば、より有能な政治家を残したいと思うはずです。ここでは、このような清廉潔白さや有能さなどの政治家の資質をモデルに取り入れていきましょう。

議論を単純にするために、政治家は以下の2つのタイプのうち1つであるとしましょう。

①　清廉タイプ：利益団体と癒着をせず、有権者と利害が一致している。

②　癒着タイプ：利益団体と癒着しており、有権者と利害が対立している。

序章で示したように、ゲーム理論では政治家の資質などのプレーヤーが持っている性質の違いを**タイプ**として表現します。ここでは、政治家の清廉さを2つのタイプに分けて示しているわけです。もちろん、現実の政治家の清廉さが単純に二分できるわけではありません。もっと細かな違いはあるでしょう。ただ、その細かな違いを丁寧にモデルに取り入れていけば、格段に分析が難しくなります。よって分析しやすいように、政治家のタイプの数を2つなどの少ない数にするという単純化をしています。

前節のモデルで登場した政治家は、利益団体と癒着している②の癒着タイプでした。癒着タイ

図3：清廉タイプのゲームの木

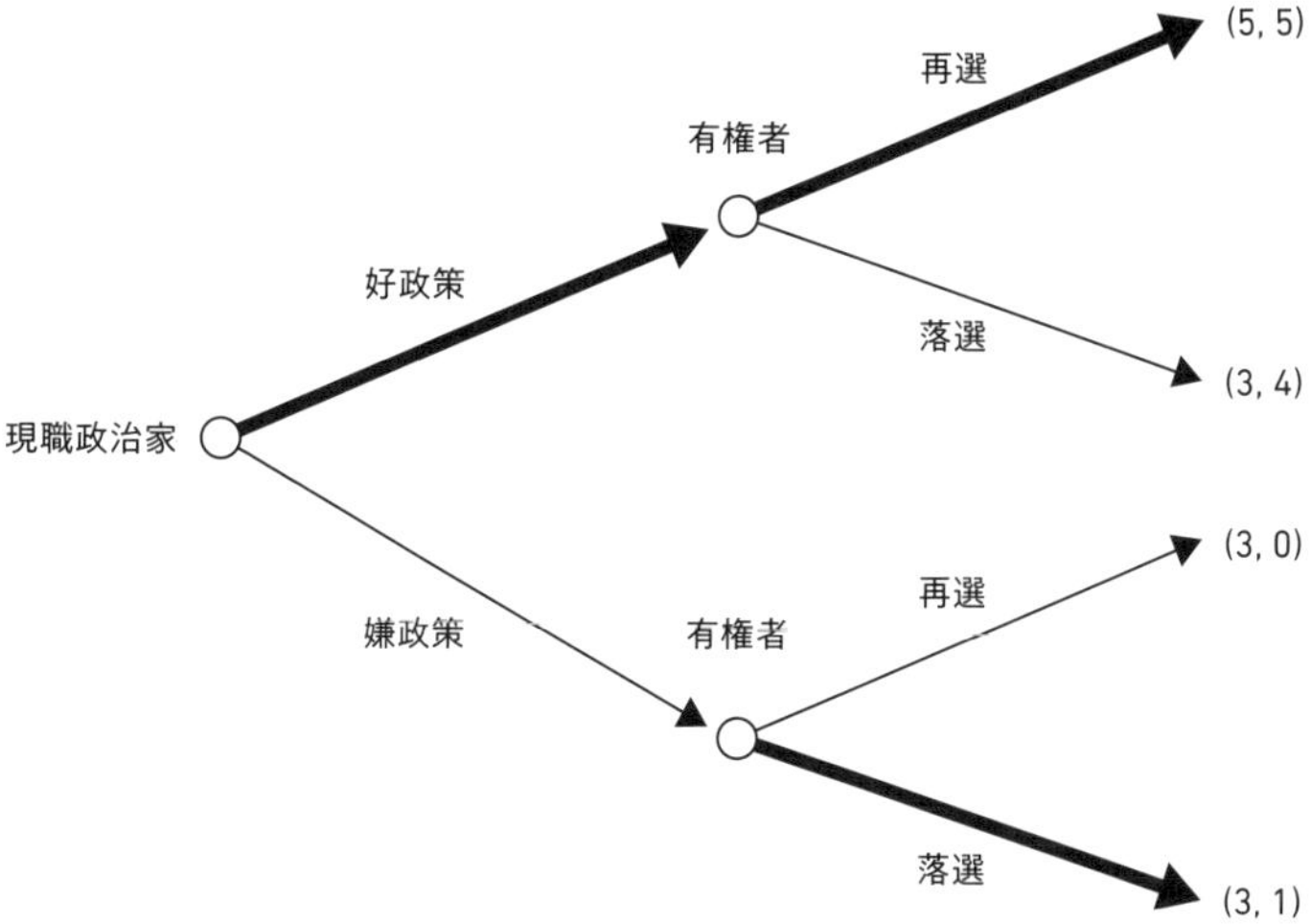

プは表1に示したように、有権者が好まない嫌政策の実行から3の利得を得るとします。一方で、清廉タイプは有権者と利害が一致しているため、表1の有権者と同様の利得を得るとします。つまり、有権者が好む好政策から3の利得を得ます。どちらのタイプの政治家も、再選による利得は得るとしましょう。ただし、ここでは再選は魅力的ではなく、再選より得る利得は2であるとします。再選が魅力的ではないため、癒着タイプであれば、図2に示したように再選は諦めて嫌政策を選択することが最適になります。

一方で、清廉タイプであれば、図3のゲームの木の状況に直面します。図2との違いは、嫌政策ではなく好政策が実行されたときに、現職政治家が3の利得を得る点です。有権者の利得は変わらないので、好政策を実行した政治家を再選し、嫌政策を実行した政治家を落選させます。清廉タイプの現職政治家は、好政策を実行すれば、自身（と有権者）の好む政策が実行されたうえに、再選もさせてもらえます。最高の状況ですね。一方で、嫌政策を実行すれば、政策からの利得はなく、再選もできません。最悪です。よって、好政策を実行します。ここでは再選されることによる利得は2であるとしましたが、その利得が1でも0でも、清廉タイプにとって好政策の実行が最適な選択です。つまり、再選が魅力的か否かにかかわらず、清廉タイプにとって有権者に寄り添うことが最適であるということです。嫌政策の実行は、政治家が好まない政策が実行され、落選もするという最悪の結果であることに変わりがないためです。

　上記の分析から、有権者が好政策を実行した政治家を再選させている限り、清廉タイプは好政策を、癒着タイプは嫌政策を選択しています。よって、有権者は「私の好む政策を選んだ政治家は清廉タイプで、私が嫌う政策を選んだ政治家は癒着タイプだ」と、選ばれた政策を通して政治家のタイプを知ることができます。そして、嫌政策を実行した政治家は落選するため、癒着タイプのみ落選していくことになります。結果として、清廉タイプのみが政治家として生き残っていきます。つまり、有権者にとって好ましくない行動を取った政治家を落選させることで、資質を直接知ることができなくても、より良い資質を持つ政治家を選り分けていくことができることになります。このように、政治家の資質を改善していく選挙の効果を、**選択効果**と言います。

　前節では、有権者の利得を表2のように与えました。好政策を選択した現職政治家の勝利が有権者にとって一番良い結果である一方で、嫌政策を選択した現職政治家の勝利が最悪の結果であると仮定していたわけです。その理由は、政治家への不信感など感情的なものを考えていました。しかし、本節での分析をふまえれば、好政策を選択した政治家は清廉タイプであると推測でき、嫌政策を選択した政治家は癒着タイプであると推測できます。よって、好政策を選んだ政治家だけを再選していくことは、清廉タイプだけを残していくことを意味します。つまり、有権者が変えることができない過去の政策を用いて政治家の当落を決めている理由は、過去にこだわっているわけではなく、できるだけ良い資質を有した政治家を残したいがためだということになります。過去の政策は、あくまで政治家の資質を推し量るためのヒントに過ぎないわけです。

　ただし、選択効果がいつでも機能するわけではありません。再選が魅力的であり、再選によって現職政治家が得る利得は5である場合を考えましょう。清廉タイプの行動は変わりませんが、図1で示したように癒着タイプは再選されるために好政策を選びます。よって、清廉タイプも癒着タイプもともに好政策を選択するため、選ばれた政策から現職政治家のタイプを推し量ることはできなくなってしまいます。タイプがわからなければ、政治家の資質を改善できません。再選が魅力的すぎると、選択効果が機能しない可能性があるわけです。

4．選挙の役割

選挙には大きく分けて2つの役割があります。第1に、前章まで議論してきたように、意見集約としての役割です。多種多様な意見を集約して、社会や国としての意見を決めていきます。そして第2の役割は、本章で議論してきたように、政治家に自身の行動の責任を取らせることで、政治家をコントロールし、その資質を改善していくことです。このように政治家に責任を問う機能を、**アカウンタビリティ**と言います。アカウンタビリティ機能に着目した場合、選挙には規律効果と選択効果という2つの望ましい効果がありました。しかし、この2つの効果は、すべての選挙で発揮されるわけではありません。例えば、現職の政治家や政権政党が容易く勝利できるような競争性の無い選挙であるならば、政治家は次の選挙を気にしないでしょう。その結果、規律効果も選択効果も機能しません。この2つの効果を得るためには、選挙は十分に競争的である必要があります。また、有権者も政治家をしっかりと評価する必要があります。問題を起こした政治家に対し、有権者が選挙を通して責任を取らせようとしないのならば、両効果が発揮させることはありません。選挙がしっかりと機能することが、エージェンシー問題の解決のためには何より大切なわけです。

5．政治制度改革の危険性

5．1　政治家の報酬は削減すべきか

以上の議論をふまえて、提言されることの多い2つの政治制度改革の是非に関して考えてみましょう。1つ目は、政治家の報酬削減です。選挙において、自身の報酬削減を公約として掲げる候補者が多くいます。政治家の報酬削減には根強い支持がある一方で、低すぎると政治家のなり手不足につながるのではないか、という懸念もあります。ここでは視点を変えて、報酬削減が政治家の行動や資質に与える影響を考えてみましょう。

報酬の削減は、再選の魅力を減じることになります。もちろん、政治家になる目的は報酬だけではありません。力や名声を手に入れたい、実現したい政策があるなど、多種多様です。しかし、政治家にも生活や家族があります。報酬が、再選意欲の重要な一部であることは間違いないでしょう。再選意欲に関わる報酬削減は、規律効果と選択効果の2つに影響を与え得ると言えます。報酬が削減されすぎた場合には再選意欲が削がれ、「再選しなくてもいいから、好きなことをやろう」と思う政治家が出てくるかもしれません。再選を気にしないならば、有権者にとって好ましい行動を取る必要もありません。その結果、嫌政策のような有権者に不利益を与える政策を実行したり、汚職に走ったりする傾向が強まるでしょう。つまり、選挙の規律効果は弱まるこ

とになります。しかし、嫌政策を選択した政治家が落選を通して排除されるように、スキャンダルを起こしたり、成果を出せなかったりする政治家は、再選されません。その結果、資質に欠ける政治家を排除できるので、選択効果は強まります。つまり、報酬の削減は政治家の資質を高める一方で、有権者にとって好ましくない行動を政治家に取らせてしまう可能性があるわけです(Besley, 2004)。

　有権者にとって好ましくない資質を持つ政治家が、有権者にとって好ましくない行動を取る傾向がある場合、規律効果と選択効果はトレードオフの関係にあります（Ashworth et al., 2017)。**トレードオフ**の関係とは、両立できない関係を意味します。つまり、一方を重視すると、他方を軽視しなければいけないような関係性です。お金と自由時間などですね。お金を得るためには自由時間を犠牲にして働く必要があるし、自由時間を重視したらある程度の収入は諦めなければいけないからです。エージェンシー問題の文脈では、規律効果が弱まり、政治家が有権者にとって好ましくない行動を取った場合、そのような資質に欠ける政治家を落選させることができるため、選択効果は強まります。一方で、規律効果が強まり、どんな政治家も有権者にとって好ましい行動を取った場合には、政治家の資質を高めることが難しくなり、選択効果が弱まります。資質と行動を同時に改善することは難しい場合も多くある、ということです。政治家の報酬に関してはもちろんのこと、他の政治制度改革においても、このトレードオフをふまえたうえで議論していく必要があるでしょう。

5.2 ベテランを一掃すべきか

次に、政治家の多選禁止について考えてみましょう。米国大統領の任期を2期8年までと定めているように、選挙の当選回数に制限を課す制度を多選禁止制と言います。大統領に対する多選禁止は主に独裁化の防止が目的ですが、アメリカの一部の州では州知事や州議会議員にも多選禁止を課しています。州議会議員に対する多選禁止は、多くの州で住民による発議と住民投票を通して実現しており、有権者からの根強い支持がうかがえます。日本でも、多選禁止制の導入は議論になっています。しかし、日本国憲法の職業選択の自由に反することから制定することはできません。一部の自治体（埼玉県や東京都中野区など）では、多選自粛条例として強制の伴わない条例を制定しています。憲法は大切ですが、ここでは政治家の行動や資質に与える影響を考えてみましょう。

アメリカにおいて州知事や州議会議員に対し多選禁止を課した主な目的は、ベテランを排するためでした。既得権益にまみれる傾向が強いベテランを若手と入れ替えることで、有権者に寄り添った政治ができる、と考えたからです。よって、多選禁止制を課せば、既得権益と関わる余計な支出は減り、減税もでき、かつ有権者にとって望ましい政策も実現されていく、と思われていました。しかし、その後の研究で、多選禁止制導入はむしろ財政支出の増大と増税を招いていることが、州知事の多選禁止においても（Besley and Case, 1995; Alt et al., 2011）、州議会議員の多選禁止においても示されています（Erler, 2007; Asako et al., 2015）。さらには、多選禁止制の導入によって、議会議員の間で政策の分極化が大きくなることが示されています。これは、有権者ではなく、自身や党のトップが好む政策の実現を目指すようになった結果であると指摘されています（Olson and Rogowski, 2020）。

なぜ本来の意図と違う結果を、多選禁止制は招いてしまったのでしょうか。多選禁止制を導入するということは、多くの政治家が短期間で最終任期を迎えることを意味します。最終任期を迎えた政治家は、再選を気にする必要がありません。よって、有権者のことは考えずに、自身の好む政策を実行する可能性が高まります。つまり、選挙を通して政治家の行動を律する規律効果がなくなってしまうわけです。一方で、政治家の資質を高めていく選択効果は改善されるのかというと、そうではありません。優れた資質を有した現職政治家までも、資質の良し悪しがわからない新人と強制的に入れ替わってしまうためです。よって、多選禁止制は規律効果も選択効果も弱める制度だと言えます。その結果、有権者が好まないことが多い増税や、政策の分極化が生じていると言えるでしょう。

一見良さそうに見える多選禁止制は、選挙を通して政治家を選ぶ有権者の権利を侵害するものでした。制度設計が失敗した例であると言えます。多選禁止を課すより、競争的な選挙下で有権者がしっかりと政治家を選べるような制度設計を目指すべきだと言えます。

6．選挙の悪影響：ポピュリズム

政治家の過去の業績に基づいた投票を有権者が行う理由は、有権者が過去だけにこだわっているわけではなく、能力が低く、有権者と利害対立があるような望ましくない資質を有する政治家を排除するためでした。このように政策から資質を推察しようとする有権者の行動は、**ポピュリズム**を生み出します。ポピュリズムというと様々な意味で用いられることがありますが、ミュデとカルトワッセル（2018）は「社会は純粋な民衆と腐敗したエリートに二分されており、民衆の手に政治を取り戻すべきだとするイデオロギー」と定義しています。つまり、ポピュリズム的政治家は「民衆の味方」であることをアピールしつつ、「腐敗したエリート」である従来の政治家を糾弾しようとするということです。しかし、政治家が「自分は民衆の味方だ」とアピールしても、口先だけでは誰も信じてくれません。よって、有権者に「民衆の味方」であると信じてもらうために、極端な政策が選択されていくことが指摘されています。なぜ、極端な政策に走っていくのでしょうか。

従来の政治家とは異なる「民衆の味方」であることを証明するためには、効果的なメッセージを送る必要があります。その1つが、従来の政治家なら絶対に主張しないような政策を提言・実行することです。ポピュリズム的政策の例として、欧州における移民排斥があります。欧州統合や移民の受け入れを進めてきた従来の政治家は、新たな移民の制限だけならまだしも、すでに国民として働いている移民を排斥すべきなどとは主張できないでしょうし、主張したくもないでしょう。そこで、このような従来の政治家が忌避する厳しい移民排斥をあえて求めることで、従来の政治家とは異なることをアピールするわけです。アメリカでも、ドナルド・トランプは従来のアメリカの政治的エリートが実行してこなかった移民排斥などの極端な政策を掲げることで、「私は腐敗したエリートではなく民衆の味方だ」とアピールしてきました。

　移民排斥ではなくとも、従来の政治家には主張できないような政策を提言してアピールを行うことは多くあります。例えば日本でポピュリズム的政治家と言われる人物として、２００１年４月から２００６年９月まで内閣総理大臣であった小泉純一郎がいます。小泉は「自民党をぶっ壊す」という標語を掲げ、派閥人事など旧来の自民党政治を否定し、郵政民営化や公共事業の縮小など、今までの自民党を支えてきた利益団体の利益に反するような政策を次々と打ち出し、「非自民的政策」を実行した政治家でした。この場合、「自民党の利権と闘う」という従来の自民党政治家が選択しないような政策を選択することで、自分は自民党的政治家ではないことをアピールしていることになります。

　このポピュリズムの状況は、３節のモデルに近いと言えます。３節のモデルでは、清廉タイプと癒着タイプの違いを、実行した政策を通して有権者は見分けることができました。一方ここでは、エリートタイプ（「腐敗したエリート」）と民衆タイプ（「民衆の味方」）が存在し、政治家がどちらのタイプなのかは有権者にはわからない状況です。そこで民衆タイプの政治家は、エリートタイプが絶対に選ばない政策をあえて選ぶことで、自身が従来のエリート政治家とは違う民衆の味方であることをアピールしようとします。よって有権者は、実行した政策を通して、その政治家がエリートタイプか民衆タイプかを見分けられるようになるわけです。そして、有権者がエリートタイプより民衆タイプの方を好んでいた場合、極端な政策を選択した政治家が当選することになります。

　このように「民衆の味方」など伝えたいことがあるにもかかわらず直接相手に伝えられないときに、政策など間接的な方法を通して推察してもらおうとする行為を、ゲーム理論では**シグナリング**と言います。この場合、従来の政治家ならば絶対に選ばないような極端な政策を主張した方が、より効果的に政策がシグナルとして機能してくれるでしょう。あまり極端な政策ではないならば、従来の政治家でも選択することがあるだろうと思われてしまうからです。よって、ポピュリズム的政策は往々にして極端なものになります。特に政治家の当選意欲が強い場合、過剰なアピールをしようとするため、政策はより極端になる可能性が高くなるでしょう（Acemoglu et al., 2013)。規律効果や選択効果といった正の側面に対する、選挙の負の側面であると言えます。

　注意すべきは、この極端な政策が民衆の望むものである必要も、民衆にとって好ましいものである必要もないことです。徹底した移民排斥は人権の侵害ですし、国としての評判も下げ、労働人口も減るため、国民にとっては損失になる可能性の方が高いでしょう。それでも、従来の政治家とは違うことをアピールするために政治家は極端な政策を選択し、有権者はその行動から政治家のタイプを推察します。一部の有権者は、この極端な政策を直接は支持していなくても、そこから推察できる政治家のタイプが好ましいものであれば支持するわけです。この場合、極端な政策から有権者は損害を受けるかもしれませんが、それはもう過ぎ去ってしまった過去の政策で、取り返しがつきません。よって3節のモデルと同様に、有権者は過去の政策より、未来につながる政治家の資質・タイプを重視します。その結果、極端な政策は許容され、そのような政策に走った政治家が支持されるようになるわけです。

探偵からの挑戦状

探偵に仕事を依頼するときには、探偵としての資質が気になるはずだ。依頼された事件を１００％解決できる優秀な名探偵か、あるいはどんな事件も解決に導けない愚かな迷探偵か。探偵は、この2つのタイプのいずれかであると考えよう。探偵自身は自分のタイプはわかっているけど、依頼人には見分けられない。いずれの探偵も、調査のために5の費用を払うとする。依頼人が探偵に提示する契約として、以下の2つの異なる契約を考えてみよう。

(1)調査を引き受けてくれた段階で、10の利得を報酬として支払う。

(2)事件を解決できた段階で、10の利得を報酬として支払う。

それぞれの契約を提示した時点で探偵のタイプを見分けることができるかな。もちろん、事件を解決したか否かで最終的にはタイプはわかるのだけど、ここでは契約を引き受けるか否かでタイプを見分けることができるのかどうかを問うているよ。

答え

⑴の契約であれば、名探偵でも迷探偵でも、10の報酬を得た後に5の費用を払うため、10－5＝5となり5の総利得を得ることができる。だから、両タイプともに契約を引き受けるので見分けはつかないね。

一方で、⑵の成功報酬であれば、事件を100％解決できる名探偵ならば10－5＝5となり5の総利得なので引き受けるけど、迷探偵であれば事件解決はできず費用を払うだけ（−5）となるため引き受けない。探偵が引き受けたら名探偵であり、断れば迷探偵だから、依頼人にも見分けることができるね。「相手の資質がわからない」という問題を解決している例の1つだ。

当然、ぼくは何でも解決できる名探偵ではあるのだが、依頼人の中には都合の悪い真実は捻じ曲げたいと思う者がいる。探偵だけではなく、依頼人にも資質はあるのだよ。だから、真の探偵は誰にも雇われないのさ。

「鹿谷《ししや》さんの淹《い》れるコーヒーは天下一品だね」

朝から機嫌よく話しかける探偵に、執事の鹿谷はコーヒーを注ぎながら「ありがとうございます」とだけ答えた。

「執事の仕事は難しいよね。ご主人様を満足させなきゃ評価されないが、満足するかどうかはご主人様次第だ。いつもいつも栄龍翁には怒られていたそうじゃないか」

意地悪そうに聞く探偵に、鹿谷はコーヒーを注ぎ終わって微笑んだ。

「少なくとも、このコーヒーに関しては、世界一であるという評価をいただいておりました」

その返しに探偵は大笑いすると、大量の砂糖をコーヒーに投げ込みはじめた。

第7章

政策評価のラビリンス

前章では、選挙を通して有権者にとって好ましい政策を実行するように政治家を規律付けることができ、またより良い資質を有する政治家を選抜していける可能性を指摘しました。そのためには、政治家の過去の業績を評価する投票が行われなければなりません。業績の悪かった政治家は選挙で落とされるからこそ、より良い政策を実行するインセンティブを政治家が有するようになり、より資質の劣った政治家を排除していくこともできるわけです。このような評価は、有権者が自分の好みに基づいて行う主観的なものになります。

その一方で、政治家が実行した政策が社会的に望ましいものであったか否かを客観的に評価することも大切です。では、実際に政治家が選んだ政策を正しく評価するためには何をすべきでしょうか。政策の評価をすることは、試験の成績をつけることとは全く異なります。社会に様々な対立する意見がある中で、正しく政策を評価することはできるのでしょうか。これは、執事の仕事ぶりを評価するよりも、難しいかもしれませんね。本章では「政策は正しく評価できるのか」という謎に挑むため、政策の評価基準を議論したうえで、政策評価にまつわる様々な困難を議論していきましょう。

1．政策の評価基準

1．1 パレート最適性

最初に、経済学で用いられる主要な評価基準を紹介していきます。ゲーム理論分析や経済学で最も一般的に用いられる評価基準が、1章で紹介したパレート最適性です。まずは1章で示したパレート最適性の定義をもう一度見てみましょう。

● パレート最適

パレート最適であるとは、他の誰かの利得を下げない限り、誰かの利得を高めることができない（誰かの利得を増やせば、他の誰かの利得が必ず下がる）状態のことを言う。

１章と同様に１００万円を10人に配分する例を考えます。10人の人々はできるだけ多くの額をもらいたいと考えているとします。このとき、「１人に９万円ずつ配る（残りは捨てる）」という結果は総額90万円しか配布できず、残りの10万円は無駄になってしまいます。その残りの10万円を、１人１万円ずつ配れば、全員の利得が高まります。よって、「１人に９万円ずつ配る」はパレート最適ではありません。このように、今ある資源を無駄にしないというアイデアがパレート最適性になります。

それでは「１人に10万円ずつ配る」はパレート最適でしょうか。１００万円を直接配ることしかできない場合には、パレート最適な結果です。しかし、直接配る以外にも方法があれば、話は違ってきます。例えば、10人が住む小さな集落を考え、それぞれ個別に農業を営んでいるとしましょう。また、この集落の農地はイノシシなどの害獣の被害に悩んでいるとします。そこで、この１００万円を直接配るのではなく、害獣が農地に立ち入れないような防護柵を設置するために使ったとしましょう。その結果、害獣の被害は減り、個々の農業からの収益を10万円以上増やすことができたとします。この場合、「１人に10万円ずつ配る」という政策はパレート最適にはなりません。防護柵をつくることで、10万円以上の利益を全員が得ることができるからです。このように、より多くの利得を得られるような政策が存在した場合には、その政策の方が「望ましい」という判断になります。

時折、政府は直接現金支給を国民の一部にする場合があります。一度国民から集めた税金を、再び払い戻すような政策です。この政策の実現のためには、直接配布した額以外に多くの事務費用がかかります。災害直後に被災者に当面の生活資金として配るなど必須の給付金はありますが、そのような緊急の事態ではない場合、本当に直接国民に現金を給付する政策が予算の使い道としてパレート最適なものなのかどうかは、よく考える必要があると言えるでしょう。

「1人に9万円ずつ配る」から「1人に10万円ずつ配る」に変えた場合、10人全員の利得を高めることができました。このように、全員の利得が高まるような結果に変えることを、**パレート改善**と言います。

> **● パレート改善**
>
> 結果を変えることで、以下のいずれかが生じることをパレート改善であると言う。
>
> ① 全員の利得が高まる。
>
> ② 他の人の利得を下げずに、誰かの利得を高めることができる。

上記の例において、「1人に9万円ずつ配る」から「2人に10万円ずつ配り、残りの8人に9万円ずつ配る」に変えた場合には、8人の利得を変えないまま2人の利得を高めることができます。パレート改善の定義②が示すように、他の人の利得を下げずに誰かの利得を高める結果に変えることもパレート改善と呼びます。「2人に10万円ずつ配り、8人に9万円ずつ配る」がパレート最適ではないように、変えた先の結果がパレート最適である必要はありません。一方で、「1人に9万円ずつ配る」から「4人に25万円ずつ配り、残りの6人には何も与えない」に変えた場合、6人の利得は下がってしまっています。よって、100万円を使い切っている変更先の結果はパレート最適ですが、この変更はパレート改善にはなりません。パレート改善をすることができるような政策があれば、現状を維持するよりはその政策を実行した方が良いと言えるでしょう。

しかし1章でも指摘したように、パレート最適性は最低限満たすべき評価基準です。例えば金銭を直接配分する場合には、「1人に100万円を渡す」もパレート最適性を満たします。他の人への配分額を増やすためには、この100万円を得た1人への配分額を減らさないといけないためです。パレート最適性は、公平性など他の要素は考えずに100万円を使い切ることを重視した評価基準です。パレート最適性に反した政策は「望ましくない政策」であることは多くの人が納得すると思いますが、パレート最適性を満たしている政策が必ずしも「望ましい政策」とは言い切れないことも多いでしょう。それでは、他にどのような評価基準があるでしょうか。

1.2 社会厚生関数

1.2.1 ベンサム型社会厚生関数

ゲーム理論分析や経済学でパレート最適性と並んで用いられる評価基準として、**社会厚生関数**があります。

> **● 社会厚生関数**
> 各個人の利得（効用）から社会厚生（社会にとって望ましさ）を導く関数。

社会厚生とは、社会にとっての望ましさの尺度です。大きい値であるほど、社会にとって望ましいということになります。また数学では、「xの値が決まるとyの値が1つに決まる」ものを関数と呼びます。例えば、$y=3x$という関係性の場合、$x=1$と決まれば、$y=3$と決まります。これを、xからyを導く関数と言います。社会厚生関数とは、社会にいるすべての個人の利得が決まれば、そこから社会にとっての望ましさの尺度である社会厚生の値が1つに決まる関数です。社会厚生は社会にとっての望ましさの尺度ですから、この社会厚生を最大化するような政策が望ましい政策と考えることができます。

数学でxからyを導く関数には様々な種類があるように、社会厚生関数にも様々な種類があります。その中で多く用いられるものに、**ベンサム型社会厚生関数**があります。社会にとって個人の幸福の総計を最大化すべきという「最大多数個人の最大幸福」を唱えたイギリスの哲学者ジェレミ・ベンサムの名前にちなんだベンサム型社会厚生関数は、社会の構成員である個人全員の利得をすべて足し合わせた総和を社会厚生とする、という社会厚生関数です。

再び、１００万円を10人で分ける例を考えてみましょう。直接金銭を配ることしかできず、各個人の利得は受け取る金銭額と同じと考えます。このとき、「１人に９万円ずつ配る」場合の利得の総和は90万ですが、「１人10万円ずつ配る」場合の利得の総和は１００万です。「１人に１００万円を渡す」場合でも、利得の総和は１００万ですね。よって、ベンサム型社会厚生を最大化するためには、１００万円すべてを配らなければならないことがわかります。これはパレート最適な結果と同じです。

しかし、利得が必ずしも金銭額と同じとは限りません。利得はあくまで、得られたものに対する個人の好みの大きさです。得られる金銭に対しても、裕福か否かで必要性が異なるため、好みの大きさは異なってくるはずです。例えば10人のうち５人は全く資産を持たない貧困層であり、残りの５人は何十億という資産を持つ富裕層としましょう。貧困層にとっては、１万円でも大きな価値です。ここでは、貧困層にとっては金銭額と利得が等しいとします。一方で、富裕層にとって１００万円は大した額ではありません。なので、富裕層の金銭に対する利得は、実際の金銭額の半分であるとしましょう。例えば10万円受け取った場合、貧困層の利得は10万ですが、富裕層の利得は５万です。このとき「全員に10万円ずつ配る」場合、利得の総和の増加分は75万にな

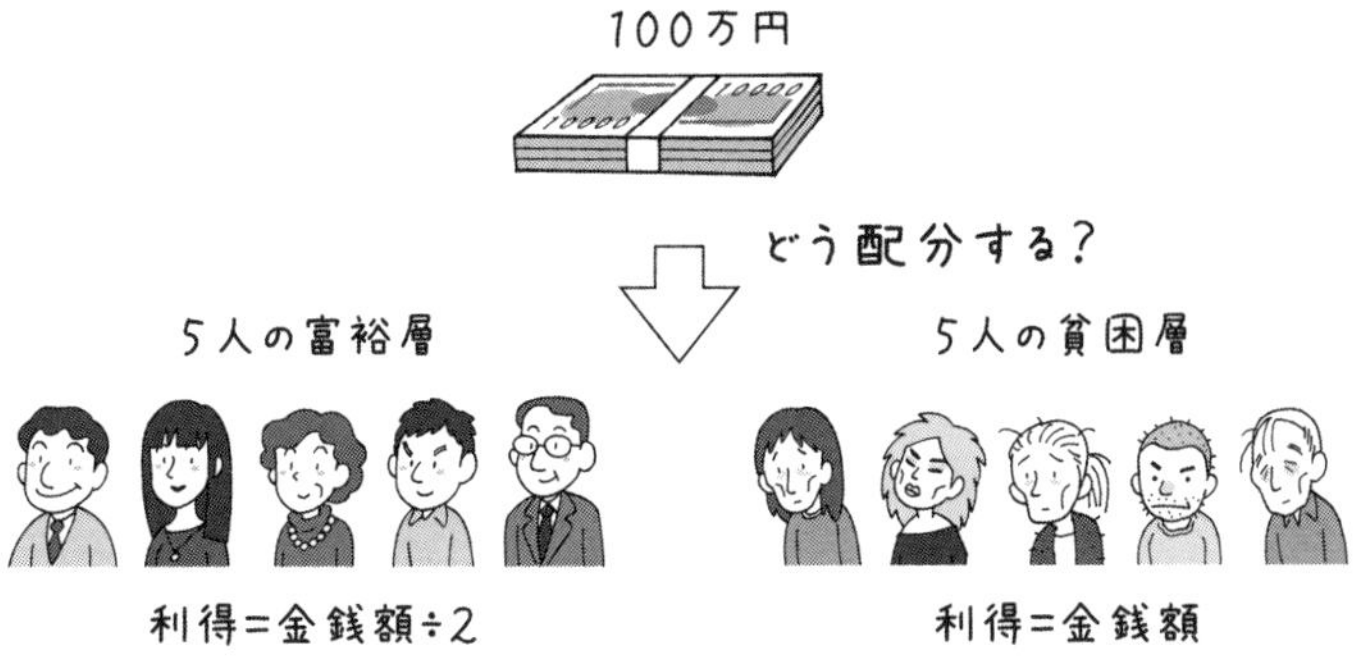

ります。貧困層の利得の総和の増加分である50万に富裕層の利得の総和の増加分である25万を足したものになるからです。一方で、「貧困層の５人に20万円ずつ配る」場合には、利得の総和は１００万増加します。また、「貧困層の１人に１００万円を渡す」場合も、利得の総和は１００万増加しますね。表１が示すように１００万円を直接配分することしかできない場合、貧困層の５人に対してのみ１００万円を配分する配分方法がベンサム型社会厚生を最大化します。パレート最適な結果の中で、貧困層に配分するような結果の方が望ましいという結論になっています。社会厚生という考えを用いれば、パレート最適性より一歩踏み込んだ議論ができそうですね。

ただし、ベンサム型社会厚生を最大化するような政策が、必ずしもパレート改善する政策とはならないこともあります。例えば、一部の人々から富を奪ったうえで、それを元手に他の人が投資を行い多くの収益を得たとします。10人いた場合、2人から10万円ずつ奪い、残りの

表1：各配分方法が満たしている評価基準

配分方法	パレート最適	ベンサム型社会厚生関数最大化	ロールズ型社会厚生関数最大化
全員に9万ずつ	×	×	×
全員に10万ずつ	○	×	×
富裕層1人に100万	○	×	×
5人の富裕層に20万ずつ	○	×	×
貧困層1人に100万	○	○	×
5人の貧困層に20万ずつ	○	○	○

注：100万円を10人に配分する政策を考え、直接配分する以外に選択肢はないとする。また、10人のうち5人は富裕層、残りの5人は貧困層であり、貧困層にとっては得られた金銭額と利得が等しい一方で、富裕層の金銭に対する利得は、実際の金銭額の半分であるとする。

8人が投資をすることで、それぞれ20万円ずつ得るような場合です。利得と金銭額が等しいとすると、利得の総和の増加分は8×20＝160万から元手の20万を引いた140万になり、ベンサム型社会厚生は増加しています。しかし富を奪われた2人の利得は下がっているわけですから、このような富の収奪による社会厚生の増加はパレート改善ではありません。

　ベンサム型社会厚生関数に近い実際の考えとして、国内総生産（GDP）の増大を政策の目的とすることがあげられます。GDPとは、一定期間に国内で生産された商品やサービスの付加価値の合計であり、国の経済力を示す指標です。マクロ経済学では、この総生産の大きさは、国内の総所得に等しいと考えられています（三面等価の原則）。このGDPを人口で割ったものが一人当たりのGDPです。人口が多いほど総所得も増えるため、その人口で割ることで平均的な所得の大きさを求めています。一人ひとりの所得をそのまま利得として考えるならば、一人当たりのＧＤＰを最大化しようという考えは、ベンサム型社会厚生を最大化しようという考えに近いものになります。しかし先の例を考えれば、貧富の差を拡大させるような経済成長が社会にとって望ましいものだと簡単には結論付けることはできません。ベンサム型社会厚生に基づく政策評価にも問題はあるわけです。

1.2.2 ロールズ型社会厚生関数

その他の社会厚生関数の1つに、**ロールズ型社会厚生関数**があります。最も恵まれない不幸な人々の利益の最大化を重視したアメリカの哲学者ジョン・ロールズから名前をとっています。この社会厚生関数は、社会の構成員の中で最も低い利得を持つ人の利得を社会厚生とし、その最大化を目指すというものです。２０１０年6月から２０１１年9月まで続いた民主党の菅直人政権は「最小不幸社会」という目標を掲げましたが、これはロールズ型社会厚生関数の最大化に近い考えと言えます。

再び、5人は全く資産を持たない貧困層であり、残りの5人は何十億という資産を持つ富裕層である10人で構成される社会の例を考えてみましょう。このとき、すでに所有している資産額も利得に含めると、富裕層の5人の利得はすでに何十億もあることになります。一方で、残りの貧困層は資産を持たないため、その利得はゼロです。よって、この社会で最小の利得はゼロということになり、ロールズ型社会厚生を高めるためには、貧困層の５人の利得を引き上げることが必要です。ここで１００万円を直接配分する政策を考えた場合、配分する先は貧困層である５人であるべきということになります。では、ベンサム型社会厚生を最大化させる方法の１つであった「貧困層のうち１人に１００万円を渡す」という政策はどうでしょうか。この場合、受け取った１人の利得は１００万に増加しますが、他の貧困層の４人の利得はゼロのままです。よって、ロールズ型社会厚生はゼロのままになってしまいます。ロールズ型社会厚生は、社会の中で最も低い利得を持つ個人の利得と一致しているため、貧困層の５人全員の利得を高めなければなりません。よって表１で示しているように、ロールズ型社会厚生の最大化のためには、「貧困層の５人に20万円ずつ配る」必要があります。そうすれば最小の利得はゼロから20万に増加するので、ロールズ型社会厚生に基づけば、より望ましい結果に導けることになります。

　このロールズ型社会厚生を最大化させるような政策の変更も、パレート改善ではない場合があります。例えば、富裕層の５人から税金を徴収し、貧困層の５人に再配分することで、社会の最小の利得はより高めることができます。富の再配分をすることで、ロールズ型社会厚生を高めることができるわけです。しかし、税金によって富を奪われる富裕層の利得は下がってしまいます。よって、このような再配分政策はパレート改善ではありません。もちろん、社会福祉政策は貧しい人々の生活を支える大切な政策です。よって、「パレート改善ではないから悪い政策」とは言い切れないことになります。すべての政策がパレート改善である必要はないということです。ただし、あまりに富裕層から徴収する税金を増やしすぎれば、投資が減少することで国の経済力を弱める結果になるかもしれません。常にロールズ型社会厚生の最大化を求めることが望ましい、と言えるわけでもなさそうです。

1.2.3 その他の社会厚生関数

ここではベンサム型とロールズ型の社会厚生関数を紹介しました。それぞれに特徴があり、同時に問題もあります。ベンサム型は利得の総和を、ロールズ型は最小の利得を考慮に入れていましたが、これはどのような人々の利得を重視するのか、という問題になります。ベンサム型は「最大多数個人」を、ロールズ型は「最も不幸な人」を重視するため、それぞれ利得の総和と最小の利得を最大化すると考えていました。

さらに、社会厚生関数はこれだけではありません。例えば不幸な人たちに重きを置きつつ、他の人たちの利得も考慮に入れるような社会厚生関数をつくることも可能です。社会厚生関数は、単に人々の利得から社会の望ましさの尺度としての社会厚生を求める関数です。どのような関数を用いるべきか、という問題は価値観の問題になります。現に、ベンサム型もロールズ型も、著名な哲学者の名前からとられていました。これは、ゲーム理論や経済学の枠を超えた、哲学の問題になると言えるでしょう。その意味で、政策の「望ましさ」を示す基準を簡単に結論付けることは難しく、今でもどのような社会厚生関数を考えるべきかということは議論され続けています。

1．3　その他の評価基準

同時に、社会厚生関数は「人々の利得」に基づいて社会の望ましさを判断する手法です。この「利得」は、4章では人々の好みの順番である選好関係を示すものだと定義しました。これは、より好ましい選択肢ほど大きな値を持つものです。あくまで、好みの順番を表すものであり、その値の大きさには意味がないとも解説しました。しかし社会厚生関数では、その値の大きさに意味が生じます。社会厚生を計算するためには、「人々の利得の大きさを比較できる」と考える必要があるからです。つまり、どれほど好ましいか、その好みの大きさを利得が示している必要があります。例えば1．2．1項の例では、配分される金銭額に対する利得は、貧困層と富裕層で異なると考えていました。貧困層の金銭から得る利得が富裕層より高い理由は、「貧困層ほど多くのお金を必要としている（好んでいる）」からです。つまり、好みの大きさが貧困層の方が大きいということになり、利得が大きいほど、より強く好んでいる（必要としている）ことになります。個人間で好みの大きさを比較していますよね。よって、前章まで用いてきた利得とは、意味が違ってくることになります。

社会厚生は人々の好みや必要性に基づくものということになるので、各個人の選択肢や結果に対する主観的評価に基づいて計算されることになります。一方で、このような個々人の好みとは全く別の基準を用いるべきだという考え方もあります。例えば、リベラリズム（自由主義）では、人々は自由と平等の権利を持っており、国の諸制度はそれらの権利を前提とすべきであると考えます。つまり、基本的人権のようにすべての人に平等に保障されるべき自由や権利があり、それらを守るためなら社会厚生が犠牲になっても構わないという考えです。政策を考えるうえでの大前提となるもので、社会厚生とは異なる軸を通した評価になります。

同じように自由を希求する考えに、リバタリアニズム（自由至上主義）があります。これは、他者の身体や財産を傷つけない限りにおいて、各人が望む行動を選択することは自由であるという考えです。その意味で、基本的人権などを要求するのではなく、そのような制約を設けずに人々の行動の自由を求めます。よって社会厚生は考慮に入れずに、人々の自由に任せるべきだという結論になります。

ちなみに、２０２３年に公開された映画『シン・仮面ライダー』において登場してくる悪の組織ショッカーの目的は、「人類の幸福探し」であるとされていました。しかし、実際にショッカー創設者が用いた基準は、「最も深い絶望を抱えた人間を救済する」というものです。ロールズ型社会厚生関数に近そうには見えますが、「絶望」という基準を用いたことで今の社会に憎しみを持った人たちが集まってきたわけですね。

ショッカーの基準は特殊ですが、その他で紹介した基準に関しては正しいとも誤っているとも言い切ることは難しいと思います。政治家や政策を評価すると一口に言っても、どのような基準で評価すべきかは明確ではありません。政策の良し悪しを決める前に、その良し悪しを分ける基準を決めることにも困難が伴うわけです。

2．政策評価に用いる指標

2．1　緑被率と緑視率

今までの議論は利得を用いた評価基準に関する議論でしたが、もう少し具体的な政策評価の指標に関して考えてみましょう。経済政策ならばGDPなどの経済指標を、教育政策ならば子どもの成績などの指標を用いることになりますが、用いる指標によって評価が分かれてしまうことも多くあります。1章で少しだけ議論した緑地の問題を、東京都練馬区を例として考えてみましょう。

練馬区（前川燿男《あきお》区長）は緑が多いことを前面に出してきた自治体でした。区のメインカラーは緑で、コミュニティバスをみどりバスと名付け、自らを「みどりの風吹くまち」と呼んでいます。緑の多さを測る一般的な指標として「緑被率」があります。緑被率とは一定の広さの土地に占める緑地の割合のことで、空中写真などを用いて計測します。練馬区の緑被率は、長年23区で

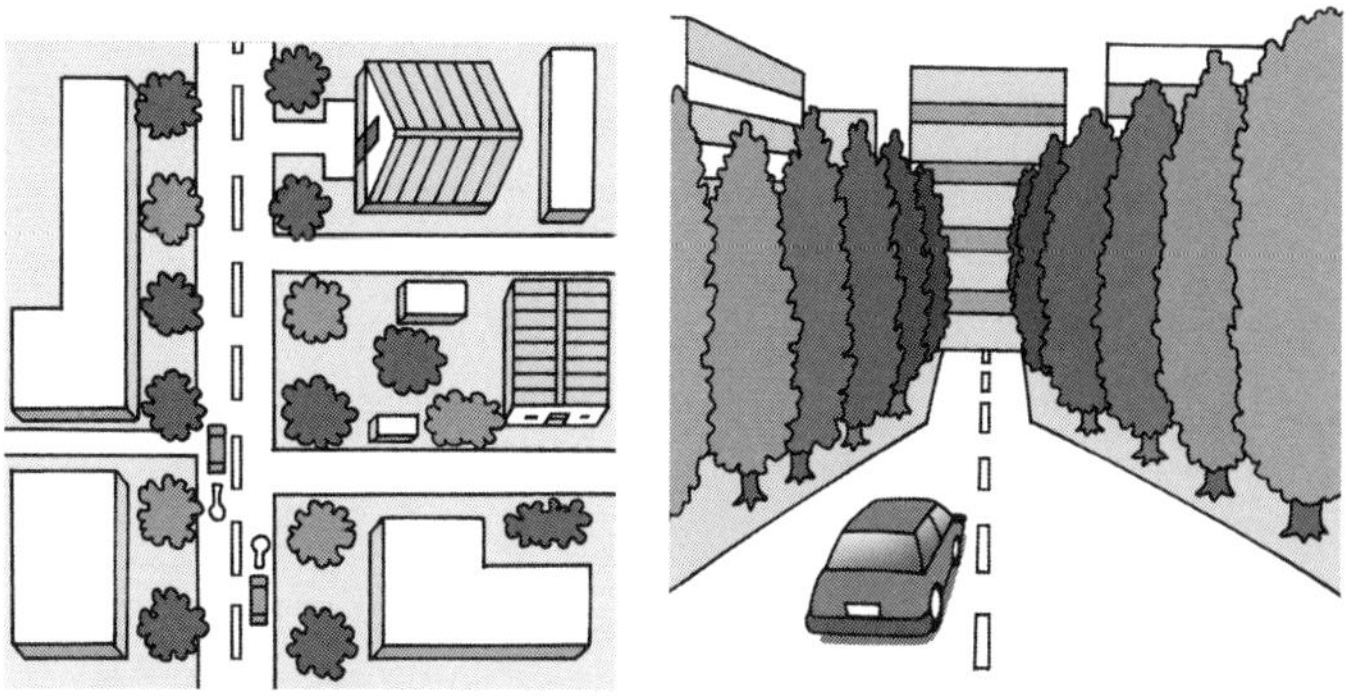

緑被率
（土地に占める緑地の割合）

緑視率
（写真内に占める緑の面積）

緑被率が低くても緑視率なら高くなることも…

１位であり続けてきました。しかし２０２３年の調査で、練馬区は千代田区や港区に抜かれることになります。計測時期の違いはありますが、千代田区や港区では緑被率は増加傾向であるのに対し、練馬区は減少を続けているのも事実です。

練馬区は、それまで緑被率を高めることを目的としてきました。しかし２０１９年に策定した「練馬区みどりの総合計画」では、緑被率の向上を目的とするという文言は消えます。その代わり、「緑視率」を目的とする指標の１つにしています。緑被率と言葉は似ていますが、緑視率とは人の視野に近い範囲で撮影した写真内に占める緑の面積の割合のことです。道に立ったときに視界に入る緑の多さを示す指標なので、緑地がマンションになったとしても、道沿いに植樹が十分になされれば高めることも可能です。一方で、緑地が宅地化された場合には、緑被率は減少していくことになります。

このように、緑被率と緑視率のどちらを指標とするかで、緑の保全政策の評価は異なってきます。緑地の現状を正確に測れない緑視率を用いるということは、練馬区が暗に緑の保全を諦めている側面があるとも言えます。例えば、緑の保全政策の1つとして、生産緑地制度があります。地主に対する優遇税制を前提に、農業生産を行う農地を保全するものです。この制度を利用している地主が生産緑地を手放す場合には、自治体に買い取り申請をしなければいけません。しかし、練馬区が買い取っている生産緑地は申請のあったもののうち10〜15％程度です。また、練馬区では同様に地主に対する優遇税制を前提として、私有地を緑地として人々に開放する「憩いの森」制度もあります。公園のようなものとして区民に親しまれている制度ですが、近年では区に買い取り申請があったものを断っている事例まで生じはじめています。

指標が変われば評価が変わり、そして指標が変われば自治体や政府の政策も変わってきます。緑視率のように、行政が自分たちにとって都合の良い指標を用いることもあるでしょう。何が適切な評価指標となるかは、大きな論点になり得ると言えます。

2.2 幸福度・満足度という指標

練馬区が目的とする指標として、緑視率以外に区民の満足度もあげています。この満足度、あるいは幸福度は、政策や政府の評価指標として注目されることも多くあります。社会厚生で用いている利得が個々人の選択肢・政策に対する主観的評価を表すのであるならば、幸福度や満足度という指標を用いても良いのかもしれません。しかし、これらの指標には問題はないのでしょうか。

幸福度を指標として用いた場合、経済的に豊かな国と貧しい国の間で大きな差がないことが示されています。また多くの国では経済成長を通して年々豊かになってきているはずですが、幸福度が上昇しているわけではありません。そこから、豊かさは幸福に結びついていないと結論付け、これ以上豊かさを追うべきではないとする議論もあります。

ただし、豊かさと幸福度が結びつかない大きな１つの要因が、人々が「順応する」という点です。例えば、事故などで障害を負い車椅子生活になったとしても、その生活に慣れるにつれて幸福度は元の水準に戻っていくことが指摘されています。宝くじに当たって一時的に大金を手に入れても、その生活に慣れて幸福度は元の水準に戻っていったりもします。同様に、豊かな国ではその豊かさが当たり前になります。また、貧しい国でも貧しいことが当たり前です。そして、より豊かになっていったとしても、それに人々は順応していくことになります。この「順応」によって、豊かさと幸福度が結びつかなくなっているわけです。

幸福度に大差がないことから、安易に経済的豊かさが重要ではないと結論付けることはできません。かといって、幸福度そのものを安易に否定するべきでもないでしょう。より適切な幸福度の計測方法に関する研究も進んでいます。また、経済指標や幸福度など複数の指標で政策を評価していこうという研究も進んでいます。このように、政策を複眼的に評価していくことが、求められていると言えます。

3．政策の副作用

3．1　契約・派遣社員への無期転換ルール

政策を実行した場合、人々の行動が思わぬ方向に変化する危険もあります。例として、労働契約に関する政策変更に関して議論してみましょう。企業に雇用される場合、正社員などとして長期間にわたって雇用されることが前提の場合には、雇用期間に定めはありません（無期労働契約）。その一方で、期間の定めのある契約（有期労働契約）もあります。一時的なアルバイトの他に、契約社員や派遣社員と呼ばれる雇用も有期労働契約であることが一般的であり、3年を上限とした一定期間の契約で雇用されます。そのうえで、契約を更新しながら雇用期間を調整していきます。企業にとっては不足している時期に労働力を増やすことができ、労働者にとっては柔軟に働き口を探せるという利点がある雇用形態です。しかし正社員に比べ、契約社員や派遣社員の雇用は不安定であるという問題が長く指摘されてきました。特に、リーマン・ショックと呼ば

れる２００８年から生じた金融危機では、大量の契約・派遣社員が契約更新されない雇止めをされたことから、「派遣切り」などと言われ、社会問題にもなりました。

そこで、有期労働契約で雇用されている人たちの雇用の安定を確保するために、２０１３年に労働契約法が改正されました。その中で、「無期転換ルール」と呼ばれているものが導入されます。これは、雇用期間が（２０１３年4月以降の契約時から数えて）通算5年を超えた後の契約更新時に、労働者からの申し込みがあった場合には、有期労働契約を無期労働契約に切り替えなければならないというルールです。5年以上の雇用期間になれば、より安定的な無期労働契約に転換するよう、労働者は要求できるようになったわけです。

多くの契約・派遣社員が5年を超えて雇用されている現状から、雇用の安定を確保できると期待されていました。しかし、実際には別の問題が生じることになります。無期の契約に切り替える事例も多くありましたが、同時に新規契約時に「更新限度を5年とする」と雇用契約に記載する企業も増えました。無期転換ルールがなければ5年を超えて雇用されたかもしれない労働者が、無期転換ルールの導入によって5年以内に雇止めされるようになってきたわけです。当初の雇用の安定という目的とは真逆の状況になってしまっています。

3.2　制度が変われば戦略が変わる

政策を立案・実行する際に犯しがちな誤りとして、政策の実行に伴い「人々の行動は変わらないだろう」と思ってしまう点があります。ゲーム理論の視点で考えれば、ゲームのルールが変われば、プレーヤーの最適な戦略が変わるはずです。労働契約法の改正を行う前には5年を超えて雇用されている有期労働契約の労働者は多々いました。それをふまえれば、無期転換ルールの実行は、多くの労働者の雇用の安定につながると見越せます。しかし、企業が有期労働契約を用いる目的は、柔軟な労働者の確保です。無期転換ルールの導入によって長期的に過剰な労働力を抱える可能性を恐れた企業は、その前までに雇止めを行おうとするインセンティブを持ってしまうことになります。つまり、企業の最適戦略が変わっているわけです。政策による人々の行動の変化を正しく見越さないと、目的とは全く逆の結果となるような副作用が生じることになります。

6章で議論したアメリカにおける多選禁止制の導入も、政策の副作用の一種だと言えるでしょう。ベテランの知事や議員ほど多くの利益団体と関係を持つのならば、ベテランの知事や議員がいなくなるような多選禁止制の導入は効果がありそうに見えます。しかし、多選禁止制導入により選挙の重要性が大幅に減じられたことで、新人の知事や議員までもがより良い政策を実行するインセンティブを失い、その行動が変わってしまったと言えます。その結果、本来は削減することを意図した財政支出が、逆に増大してしまう帰結となりました。

他の例を見てみましょう。２０２１年3月に島根県江津《ごうつ》市の市議会は、市の執行部が「検討する」と答弁した場合、その検討結果を半年後に報告することを義務付けることにしました。これは、議会答弁で多く用いられる「検討する」という文言に対し、その検討の取り組みを市民に伝えやすくすることが目的でした。しかしその結果、施行以前には１６９件だった「検討」を含む答弁回数が、施行後には3割減の１２４件となり、この減少傾向は続いています（中国新聞、２０２２年12月６日）。今まで通り「検討する」という答弁が多いままであるのならば、報告の義務化で検討過程や結果を可視化することができるでしょう。しかし報告を義務化することで、市の執行部は「検討」という文言を使うことを意図的に避けてしまうようになったわけです。もちろん、検討したことを必ず実現する必要はありませんが、それでも実現できない理由を答えなくてはなりません。その手間を考えれば、検討することすら避けてしまうインセンティブを、市役所の人たちに与えてしまったことになります。

政策を立案・実行する際には、どのような人々の行動の変化を生み出すことになるのかを、慎重に検討する必要があると言えます。

*

やはり、政策や政治家を評価することは一筋縄ではいかないようです。評価基準の決定には価値観の対立がありますし、評価基準を決めたとしても評価に用いる指標も定かではありません。

場合によっては、政治家や行政に都合の良い指標が用いられる恐れもあります。政策を決定した後も、思わぬ副作用の有無はしっかりと見定めないといけません。正しく政策を評価するためには、複数の指標を用い、複数の基準に基づきつつ、長期的に評価をする必要があるということでしょう。簡単なことではありませんね。

探偵からの挑戦状

以前に珠世さんは栄龍翁に対し、一部の人たちだけが豊かになるような社会は望ましくないと説いたらしい。人々はすべからく平等であるべきで、そのような基準で社会を評価すべきだと。それに対し、栄龍翁は「そんなことをしたら、大変なことになる」と激昂したとのことだ。珠世さんの考えは、人々が平等であることを重視する平等主義（エガリタリアニズム）に基づいている。機会の平等か結果の平等かという議論はあるのだが、珠世さんは結果の平等を求めたようだね。つまり、人々の利得は等しくあるべきだという考えだ。

(1)「結果の平等主義」を社会厚生関数として示すためには、どのような関数とすべきだろうか。

(2)「結果の平等主義」に基づく社会厚生関数で評価した場合、どのような問題が生じるだろう。ロールズ型社会厚生関数と比較しながら考えてみてくれたまえ。

答え

(1)社会厚生関数としては人々の間の利得の差を最小化（利得の差にマイナスをかけた値を最大化）する関数となるだろうね。

(2)これは、ロールズ型社会厚生に近いようにも見えるが、ロールズ型では最も貧しい者の利得を高めようとしているのに対し、結果の平等主義では「等しく最悪に貧しくなる」ことが良いという結論になってしまう。結果の平等だけを突き詰めるのも、問題はありそうだね。

第8部

有能な独裁者は救世主になれる……のか？

第2部では、民主主義における政治制度を考えながら、政策決定にまつわる様々な困難に関して議論してきました。社会全体の意見をまとめられない問題や、政策評価の難しさがあります。また、選挙を通した政治家の選抜も、時にはポピュリズムを生み出してしまいます。民主主義は、国民全員が参加する制度です。多くの人間が関わるのですから、意思決定をするまで時間も労力もかかりますし、右往左往もします。時には、国民に支持された政策があまり良い帰結を生み出さないこともあるでしょう。その一方で、極めて優秀な1人の人間や一部のエリートが意思決定をするのならば、時間もかからず、右往左往もせず、愚かな帰結に陥ることもないかもしれません。最後の第3部では、そのような少数の人々で意思決定をする独裁制について考えていきましょう。

「父は孤独な人でした」

　ようやく目を覚ました文子は、病室の窓から空を見ていた。

　父・栄龍、夫・敬之、そして子・清一郎を喪い、さらに財産まで奪われた彼女自身もまた、孤独である。一連の事件を通じて降矢木産業のこれまでの不正も明るみになり、もはや倒産寸前と報道されている。

「父に逆らえる人間は一人もいませんでした。父が何を言おうが、皆はただただ彼の言うことに従うだけでした。表面上は従っていても、誰一人として父のことを信用はしていなかった。だから父も、誰のことも信じていなかったのです。娘である、私のことすら」

「力を持つ人間は、力以外のすべてを失うことになるのですよ」

　探偵の言葉を聞くと、文子は静かにため息をつき、目を閉じた。

「珠世の母親、つまり父の愛人をこの家から追い出したとき、彼女のお腹には、2人目の子どもがいました。珠世のきょうだいです。今回の事件は、その報いかもしれません」

外から聞こえる蝉の声が、急に大きくなった気がした。

第８章

寓話としての名君

『銀河英雄伝説』という小説があります。１９８２年に第１巻が出版された小説ですが、２０２０年にはＮＨＫでもアニメ化されたため、アニメの方が馴染みのある方が多いかもしれません。物語は未来の宇宙空間を舞台としており、独裁制の銀河帝国と帝国に反旗を翻した民主主義の自由惑星同盟の長い戦争を描きます。帝国側のラインハルトと同盟側のヤン・ウェンリーの２人が主人公ですが、民主主義が悪しき独裁制を倒すという単純な話ではありません。独裁制の中で才能を十分に発揮し、軍と政治を自由に動かせるラインハルトに対し、民主主義の理念を守ろうとするヤンは、民衆からの支持を得るために躍起になっている政治家たちに足を引っ張られ続けます。「愚かな民衆に翻弄される民主主義」と「優れた君主による独裁制」の対比が物語の主軸になっているわけです。

第2部で見たように、民主主義の意思決定は単純ではありません。民衆が愚かかどうかは別としても、政府は多くの制約の中で意思決定をしていかなければならないのは確かです。遅く、遠回りの意思決定をし続ける民主主義に絶望する声が出てくることは不思議ではないでしょう。一方で、もう1つ考えなければいけない謎があります。それは、「優れた君主による独裁制は実際に成立し得るか」です。独裁者が極めて優秀な人で、民衆のことを第一に考え、常に民衆にとって望ましい政策をつつがなく実行できるのならば、それに越したことはないでしょう。しかし、過去の独裁者たちを見ると、そんな絵空事は単純には成し遂げられないことは明白です。本章では、独裁者のインセンティブを考えつつ、「優れた君主」の存在は可能か否かを議論したうえで、その独裁者たちが抱える苦悩を見ていきましょう。

1．独裁制とは何か

独裁制について考える前に、まずは独裁制と民主主義の違いを明確にしておきましょう。この違いを知るためには、民主主義を定義した方が明確にその違いを理解できます。民主主義とは一般に、一部ではなく、市民全員が政治指導者を選出する際に影響力を有している政治制度のことを言います（フランツ、２０２１）。例えば日本では、成人の国民全員が政治家を選出する際に影響力を有する選挙権を持つため、民主主義であると言えます。ただし、選挙が形骸化したものとなり、選挙とは別のところで政治指導者が決まっていては意味がありません。よって、選挙は十分に競争的である必要があります。競争的な選挙であるためには、人々が政府を批判し、政府に対抗するために野党を結成することなどが認められている必要があります。つまり、集会・結社の自由や言論の自由が保障されていなければなりません。野党の結成が制限されているなど、制度上選挙が競争的になり得ない場合には、その選挙において選挙権を成人である全市民が有していたとしても、「政治指導者を選出する際に影響力を有している」とは言えないからです。

以上の民主主義の定義を満たさない非民主主義のことを、本書では独裁制と呼びます。他にも、権威主義や専制主義という呼び方もありますが、ここでは同義のものとして議論していきます。そして、独裁制の政治指導者を独裁者と呼ぶことにします。つまり、市民の一部しか政治指導者の選出に影響力を与えられないような国は独裁制です。また、選挙が行われていたとしても、野党がいない、野党がいたとしても機能していない、あるいは選挙不正が横行している場合などは、民主主義ではなく独裁制と呼ぶことになります。

さて、独裁制と民主主義の制度的違いが明確になったところで、この制度的違いがどのような政策の違いを生み出すのか、考えていきましょう。

2. 独裁者は邪悪なることを目論む人間か

2. 1 「政治的生き残り」という目的

「独裁者」という言葉が良いイメージで使われることは、あまりありません。「彼は独裁者のようだ」と言った場合には、自分勝手に我を通して周りのことをあまり考えない人、というイメージとして使われます。実際にも、独裁者による統治は暴力と恐怖を用いたものが一般的でした。独裁者に逆らえば、暴力的手法で抑圧され、場合によっては財産や生命の危機にさらされます。その恐怖心から、人々は独裁者に従うようになってきます。そして、独裁者は人権を踏みにじることも少なくありません。中には、ヒトラーによるホロコースト、ポル・ポトによるカンボジア大虐殺、毛沢東の文化大革命など、大量虐殺を厭わず行う独裁者もいました。一方で、民主主義の指導者を見ると、独裁者と言われている人たちほど酷いことをしているというイメージはありません。衆目の中で、人々の人権をあからさまに踏みにじることも、暴力的手法で恐怖政治を行おうとすることもなく、社会保障や子育て政策や公共事業などを行い、人々に寄り添う姿勢を見せています。このような独裁者と民主主義の指導者の行動の違いは、何に起因すると考えるべきでしょうか。独裁者と民主主義の指導者では、目的や好みが異なるからでしょうか。

ゲーム理論の視点で考える場合、まず意思決定を行う人々の最も重要な目的は何なのかを考えます。第2部、特に5章と6章の議論を思い出してください。モデルの中で考えた政治家の最も重要な目的は選挙に勝つことでした。政治家が何かしら実行したい政策があったとしても、あるいは政治家となって利権から旨味を得ようとしていたとしても、政治家になれなければ意味がありません。まずは選挙に勝ち続けて、政治家であり続けることが重要になってきます。

では、独裁者は異なった目的を持っているでしょうか。独裁者が自身のやりたい政策を実現していくにせよ、あるいは地位を乱用し私腹を肥やすにせよ、独裁者であり続けることが重要になってきます。独裁者でなくなってしまえば何もできませんし、民主主義の政治家に比して、返り咲くことも難しいでしょう。さらに言えば、その地位から引きずり降ろされた独裁者の末路は、処刑や暗殺など悲惨なものとなることも多くあります。まずは独裁者として生き残ることが重要です。

以上のように考えてみると、民主主義の指導者も独裁者も、その目的に大きな違いは無いことがわかります。つまり、「政治的な生き残り」です。もちろん、それに「実現したい政策がある」や「利権の旨味を得たい」のような目的が加わることも多くありますが、これらも両者が共通して抱き得る目的です。そして、その目的達成のためには政治的な生き残りが必須であることは言うまでもありません。民主主義の指導者と独裁者の間で、その目的や好みに大きな違いはないと考えるならば、両者の間の大きな行動の違いは何から来るものなのでしょうか。

2.2 目的達成のための手法の多様性

第1に、両者の目的は共通しているものの、その目的を追求する手法に対する制約が大きく異なる点が考えられます（Gehlbach, Sonin, and Svolik, 2016)。つまり、独裁者の方が民主主義の指導者よりも、より多くの手法を使うことが許されているということです。独裁制で許されている一方で、民主主義では強く制約されている手法の1つが暴力でしょう。例えば、独裁者は政府に反抗した市民に対して、あからさまな暴力的手法を用いることができます。そして、公開処刑などを通して、暴力を用いたことを隠さずに公にすることもできます。他の市民たちへの見せしめとし、恐怖心を抱かせることで独裁者に従わせるためです。一方で、民主主義では暴力的手法を市民に対して易々と使うことはできません。暴力を用いたうえで公にした場合、大きな批判を受けることは間違いないでしょう。度が過ぎれば、それは犯罪となります。

独裁者は自らが法律です。法律を自分の都合の良いように書き換えたり、無視したりしつつ統治をおこなうことができます。よって、自らの行動に対する制約はほとんどありません。一方で、民主主義では「法の支配」が確立されているために、政治指導者も法律に従わなければなりません。自らの行動を縛る様々な制約が存在しています。よって「政治的生き残り」という共通した目的の達成のために、独裁者は暴力的手法を簡単に用いることができるのに対し、民主主義の指導者は使うことができません。独裁者が暴力的手法を用いる理由は、単に易々と使えるからだと言うことができます。

2.3 支持基盤の大きさ

第2に、民主主義と独裁制の間で、政治指導者にとって必要な支持基盤の大きさが違う点が指摘されています（ブエノ・デ・メスキータとスミス、２０１３；Bueno de Mesquita et al., 2003）。民主主義の指導者は、選挙に勝たなければなりません。そして、多くの民主主義の国では成人の国民全員が有権者です。投票をしない有権者も多くいるため過半数というわけではありませんが、かなりの数の国民の支持を受けない限り大統領や政権政党になることはできません。一方で、独裁者はそこまで多くの支持を必要としません。限られた人々の支持さえ得ることができれば、独裁者であり続けることができます。例えば、軍など暴力をつかさどる人々の支持は必要でしょう。これに加え、君主制なら王族や貴族の支持が必要ですし、一党独裁体制なら政党の有力者や、あるいは裕福な経済的エリートの支持も得ておいた方が良いかもしれません。いずれにせよ民主主義に比して、支持を得なければいけない人々の規模は圧倒的に小さいです。この支持基盤の大きさの違いが、指導者の選択にどのような影響を与えるでしょうか。

ここで政権維持のために50人の支持が必要な独裁制の国と、50万人の支持が必要な民主主義の国を考えてみましょう。両国の指導者が、5億円の資金を得たとします。この資金を直接支持者

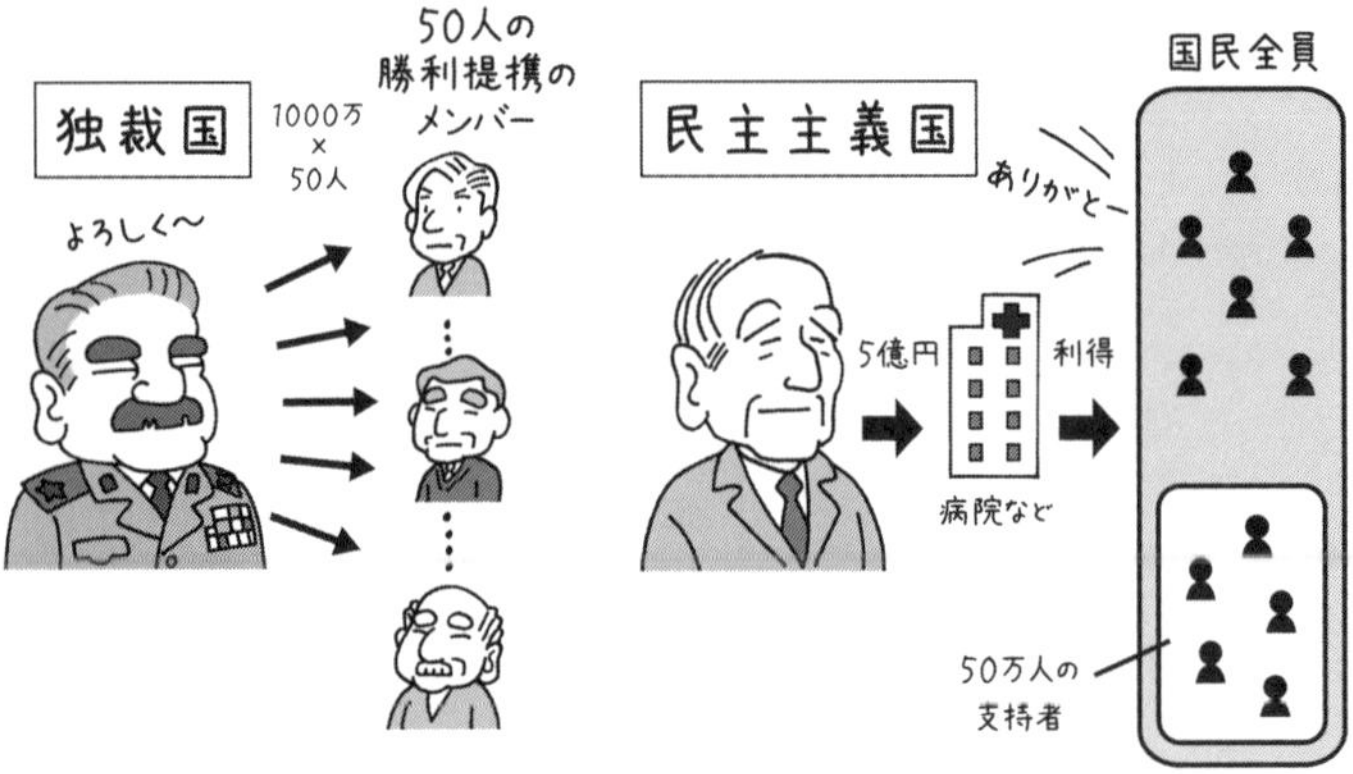

にばらまいた場合、50人の支持が必要な独裁制の国では１人当たり１０００万円配ることができます。一方で、民主主義では50万人にばらまかなければなりません。結局、１人当たりに配れる額は１０００円だけになってしまいます。１人当たりの額には大きな違いがありますね。支持を得るために１０００万円で足りるかどうかはわかりませんが、１０００円では足りないことは明白でしょう。

　では、民主主義の指導者はどうすべきでしょうか。例えば、５億円を使って病院の建設などを行い医療体制を充実させたとしましょう。50万人の支持者たちは、今まで以上に病院に行きやすくなり、高度な医療を受けることができるようになります。それは１０００万円とまではいかなくても、１０００円以上の価値があることでしょう。一方で、独裁制における支持者たちは、病院へのアクセスが良くなることより、１０００万円をもらい、必要ならばそのお金を使って一般市民には受けられないような高度医療を受ければ良い、と考えるかもしれません。それならば、独裁制の指導者は病院建設に資金を使うより、直接支持者に配った方が支持を得やすいと考えるでしょう。

ここでも「政治的生き残り」のための最適な手法が異なってきます。民主主義なら、直接少ない額をばらまくより、医療や教育や社会保障の充実を通して、支持者に利益を還元していくような公的支出を行った方が政権を維持しやすくなります。このような政策は、支持者だけではなく、その国に住むすべての国民の利益になるような政策です。また、選挙競争が激しければ、より国民が満足するような政策を実行していかなければ指導者として生き残ることはできません。6章で議論したような、より良い政策を実現しようとする競争が生じるわけです。一方で、独裁制の国では一部の有力者だけを満足させれば生き残ることができます。公的支出ですべての国民を満足できるようにするよりも、直接有力者を利するような私的支出をする方が、指導者として生き残りやすくなると言えます。そのためには、支持者以外の一般市民の利益は重要ではなく、時には市民の人権を踏みにじってでも一部の有力者を利する方が良くなってくるわけです。

2.4 「優れた君主」は可能か

そこで最初の問いに戻ってみましょう。「優れた君主」として人々のことを第一に考え、人々のために尽くすような政策を実行する独裁者は生き残れるでしょうか。極めて厳しいことは見えてきたと思います。独裁制の国で、多くの資金を人々のために使っていた場合、独裁者を支持している一部の有力者は満足しないでしょう。自分たちを利するような政策を実行してくれる別の人間を指導者に据えるために、独裁者をその地位から引きずり降ろそうとするかもしれません。それを避けるためには、市民の利益を軽視してでも、有力者たちを満足させる必要があります。一方で、民主主義の国で、悪辣《あくらつ》な独裁者のように人権を踏みにじり、あからさまに暴力を用いれば、あっという間に選挙に負けるでしょうし、犯罪者として裁かれることになるかもしれません。「政治的生き残り」という共通した目的であっても、最適な手法が2つの体制間では大きく異なってくるわけです。このように考えれば、独裁制において名君でいることは、民主主義において暴君でいることと同じくらい至難の業であると言えるでしょう。

3．独裁者のジレンマ

3．1　独裁者のコミットメント問題

前節で議論したように、民主主義の指導者に比して独裁者は多くの手法を使えます。それは、独裁者は絶大な力を持っており、法をも超越する存在になり得るからです。しかし、その絶大な

力が、独裁者のアキレス腱にもなっています。独裁制において、権力の座は常に誰かから狙われています。革命、クーデター、政変などの危機に直面することは少なくありません。危機下において独裁者が権力の座を守るためには、軍や有力者などの助けが必要です。しかし、無償で力を貸す人はほとんどいないでしょう。助けを得るためには、その貢献に報いることを約束する必要があります。しかし、絶大な力を持つ独裁者は、その力を用いて約束を反故にできます。特に独裁者の不利益につながるような見返りは、反故にされてもおかしくないでしょう。約束が反故されると予見した人は、独裁者を助けようとはしません。言い換えれば、絶大な力を持つ独裁者は、「コミットメント（信じられる約束）」を行う力を有していません。脅しや約束を信じてもらえないという、3章で議論したコミットメント問題と同様の問題に、独裁者は直面しているわけです。力を維持したいものの、その力がゆえに信じてもらえず、権力の維持が難しくなるかもしれないジレンマを抱えていると言えます。

　一方で、民主主義の国において、政治家が好き勝手なことをやり続けた場合、6章で議論したように再選できなくなる可能性が高まります。それがゆえに、有権者は政治家のことをある程度信頼できる、と言えます。つまり、民主主義において政治家はコミットメントを行う力をある程度有していることになります。もちろん政治不信が消えるわけではありませんが、少なくとも独裁者のような振る舞いはできないと信じることはできるでしょう。

　独裁者のコミットメント問題の1つの解決策は、反抗する者たちを力によってねじ伏せることです。暴力を用いた場合でも、絶大な力を有している独裁者による支配は可能かもしれません。しかし特に独裁者になりたての、権力基盤を未だに確立していないような状態であれば、単純に暴力だけでねじ伏せることは難しいと言えます。本節では、この独裁者が抱えるジレンマを、モデルを用いて考えていきましょう。

3.2 モデル

独裁者が権力基盤を確立する初期段階を考えてみましょう。まだまだ多くの政敵が存在しています。そのような政敵たちと戦うためには、軍を含む有力者たちの支えが必要です。政敵を駆逐するために、一緒に戦ってもらう必要があるということです。そこで、独裁者は有力者たちに「権力基盤を確立した暁には、十分な報酬を与えよう」と約束したとしましょう。報酬としては、金銭的報酬や高い地位などが考えられます。その約束を受けて、図1のゲームの木にあるように、有力者はまず独裁者を支えるか否かを決定します。支えなければ、独裁者は権力維持をすることができなくなり、表舞台から消え去ります。よって、その利得は0になるとします。一方で、有力者は新たな指導者に取り入ることで利益を得ることができる可能性は残っています。よって、その利得は2であるとします。図1のゲームの木で示している利得は、最初の利得が有力者の利得で、2番目の利得が独裁者の利得です。

図1: 独裁者のジレンマ

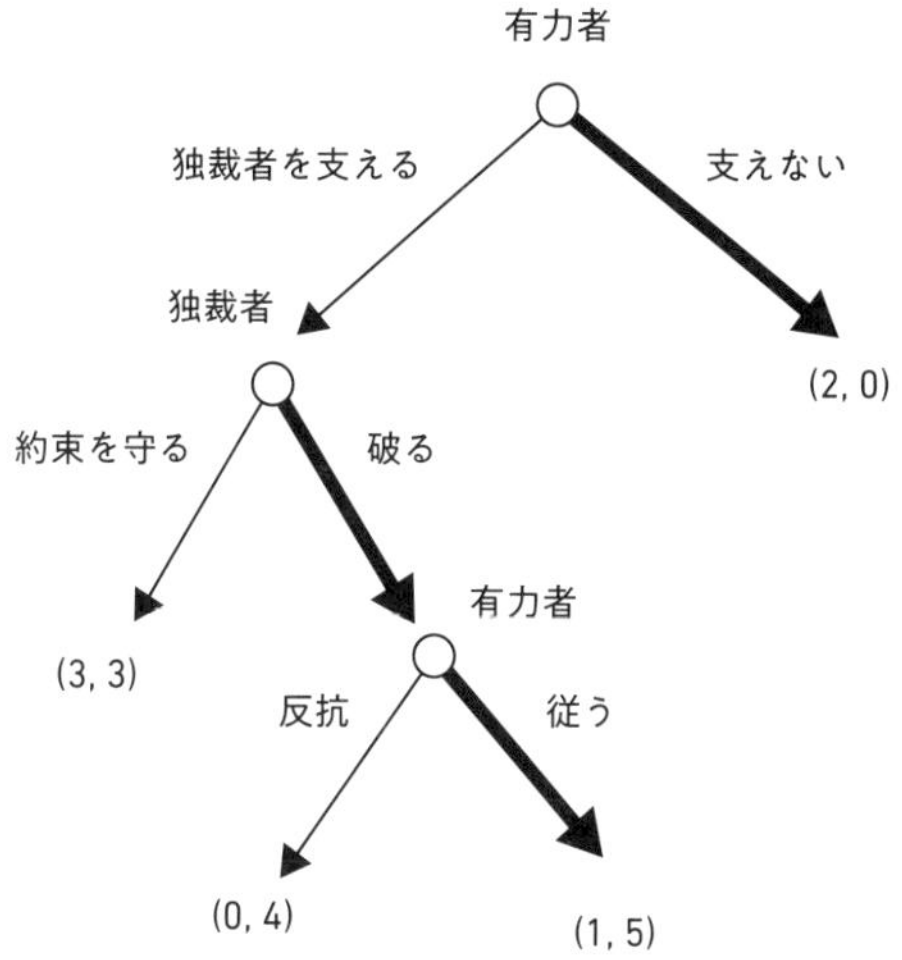

有力者が「支える」を選んだ場合、政敵を駆逐することができ、独裁者は確固とした権力基盤を確立することができる状況を考えます。その後、権力基盤を確立することで得た利得を6とし、それを独裁者と有力者で分け合うとします。約束を守り、得られた利得を分け合う場合は、独裁者も有力者も3の利得を得るとします。しかし、約束が破られた場合には、有力者は反旗を翻すか独裁者に従うかを決定します。反旗を翻さずに独裁者に従えば、有力者は独裁者から1の利得しかもらえず、残りの5は独裁者のものになります。一方で、反旗を翻したとしても、相手はすでに権力基盤を確立した強大な独裁者です。有力者は倒され利得は0となってしまいます。独裁者は、有力者と争わなければいけないため、少し利得は下がって4になるとしましょ

う。以上が、モデルの設定です。図1を見ながら、このモデルを後ろ向き帰納法で解いていってみましょう。

まず独裁者に約束を破られた後の有力者の行動を考えてみます。独裁者はすでに権力基盤を確立した強大な存在です。反抗しても太刀打ちできずに、0の利得になってしまいます。ここは1の利得だけだとしても、従順になった方が無難です。よって、「従う」を選ぶことが最適な戦略です。

この有力者の行動を予見したうえで、独裁者は約束を守るか破るかを決定します。守った場合の利得は3になります。一方で、破ったとしても有力者は反抗してこないと予見できます。よって、破った場合の利得は5になります。より力をつけた後に、わざわざ約束を忠実に守る必要はありません。「破る」を選び、その力を用いて有力者をねじ伏せ、自分がより多くの利得を得ることが最適になるわけです。

ここまでは独裁者が力を持つがゆえに、自分の好きなようにできる状況を描けています。しかし、このことが独裁者にとっては好ましくない帰結へと導くことになります。それは、最初の有力者の最適な行動を見れば明らかです。独裁者が報酬を約束したとしても、その約束は破られ、力でねじ伏せられる未来を有力者は予見します。このときの利得は1です。そんな未来になるくらいなら、独裁者のことは支えずに、その独裁者が倒された後に新しい指導者に登用してもらうことに賭けて利得2を得ていた方がよいと考えるでしょう。その結果、有力者は「支えない」を選び、独裁者は倒される結果になってしまいます。その力がゆえに、約束を信じてもらうことができず、十分な協力を有力者から得ることができないまま、その地位を追われることになるわけです。コミットメントをする力を失うことは、独裁者の命運を分けるかもしれない危機的な事態をもたらす可能性が見えてきます。冒頭の架空のミステリー小説で探偵が言うように、力を持つものは信頼を失ってしまい、それが身の破滅につながるかもしれないわけです。

3.3 自らの力を縛る：コミットメント問題の解決策

それでは、独裁者がコミットメントを行う力を得るためには何をすべきでしょうか。モデルの中で言えば、将来、つまり約束を反故にするか否かを決める段階における自分の力を強大なものにしすぎないようにすれば良いことになります。何らかの手段で、独裁者が自分の力に制約をかけたとしましょう。これは有力者に比して、独裁者の力が弱まることを意味します。具体的には、独裁者が約束を破った後に有力者が反抗した場合、自身の力に制約を設けた独裁者は力でねじ伏せることができず、ある程度の妥協を強いられるとします。よって、図2にあるように両者の利得は2になるとします。変更された利得の部分だけ太字になっています。

最後の有力者の意思決定では、反抗して利得2を得た方が、従って利得1を得るよりも良いため、「反抗」を選択します。そのことを予見した独裁者は、約束を破って利得2となるより、約

図2：自身の力を弱める制度化

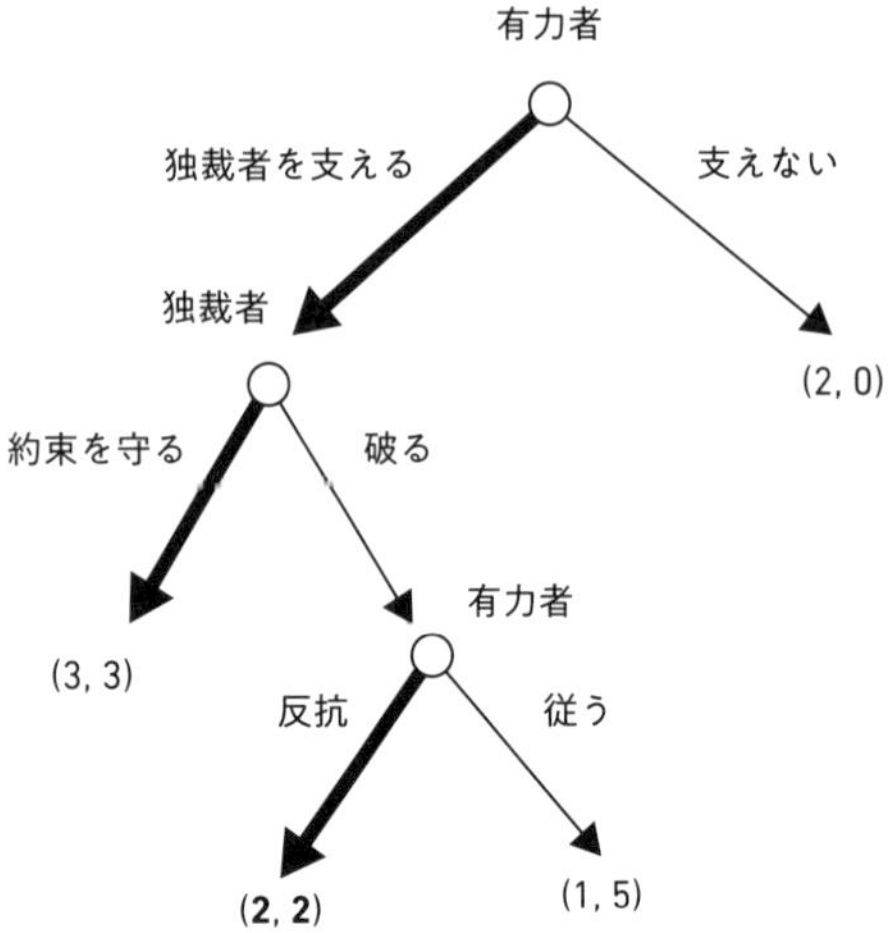

束を守って利得3となった方が良いため、「約束を守る」を選びます。自身の力を縛っていることから、有力者に妥協を強いられている独裁者の姿があります。しかしその結果、最初の有力者の意思決定では、約束が守られることが予見されるため、利得2の「支えない」より、利得3の「支える」の方が良くなり、有力者は独裁者を支えることが最適な戦略になります。独裁者のコミットメント問題は解決され、政治的生き残りができていますね。自身の力を縛った方が、縛らないよりも独裁者として生きながらえることができます。一見、力に制約を加えることは独裁者にとって悪いことのように見えますが、その方が好ましい帰結になるわけです。

簡単に「自身の力を縛る」と言いましたが、具体的にどのような方法があるでしょうか。

第1に、ライバルの登用や政党の形成が考えられます（Meng, 2020）。例えば、自身のライバルとなりそうな人物を副大統領や軍を総括する防衛大臣など重要な地位につけることで、自身が好き勝手できないようにすることができます。また、独裁者1人に権限が集まる1人独裁ではなく、政党によって支配する政党独裁とし、その政党内で協議のうえで意思決定を行うような制度とすれば、独裁者の好き勝手にはできず、その力は制約されることになります。習近平に力が集中する前までの中国などが政党独裁の例となります。このように、その他の有力者たちに、軍事などに対する影響力を持たせることが、自身の力を制御し、信じてもらえるようにする手立てだと言えます。

第2に、有力者たちを分断せずに交流をさせることで、協調できるようにするような制度の導入が指摘されています（Myerson, 2008）。強大な力を有する独裁者に対抗するためには、有力者たちは結集する必要があります。そして結集するためには、情報を集め、綿密に話し合い、組織化していく必要があります。しかし、有力者たちが分断されていれば、独裁者に対抗するために結集することはおろか、十分な情報を集めることもできません。そこで、あえて結集の機会を与え協調を促すことで、自身に対抗する機会を与えてやるわけです。そのような機会があれば、独裁者も好き勝手なことはできず、他の有力者たちの意見に耳を傾け、無下に切り捨てることはできなくなります。このような状況に自身を追い込むことで、自身の力を削ぎ、逆にコミットメントする力を持とうとするわけです。代表的な方法としては、議会の設置があります。例えばローマ帝国の元老院や大英帝国の議会などは、各地の有力者たちが集まる場所でした。議会に実質的権限が無かったとしても、そこで話し合う機会があることが、独裁者の地位を危ぶませることになります。その結果、独裁者が周囲から信じてもらえるようにすることができるわけです。

第3に、民主化もコミットメント問題の解決策になり得ます（Acemoglu and Robinson, 2000, 2001, 2006）。独裁者は有力者や民衆に政治的権限を与えることで、革命やクーデターを避けることもできます。民主化と言っても、完全な民主化をする必要はありません。政策の意思決定権限を議会に与えたり、選挙権の拡張などを徐々に行ったりすることで、自身の有する力に制限をかけていくわけです。実際に、大英帝国時代に「イギリス王室は所有権を保障する」ということが信じられるようになったのは、議会に税金を決める権限が与えられた後だったという指摘がされています（North and Weingast, 1989; Cox 2016）。

絶大な力を持つとはいえ、その力を維持するために様々な工夫をしなければならない独裁者なりの苦悩が見えてきました。以上の議論を見てみると、独裁制を維持するために、どんどん民主的な政治になっていくようにも思えます。しかし、話はそこまで単純ではありません。暴力や恐怖による支配が難しくなってきた近年になると、新しい形の独裁制が登場してきました。そこでは独裁者たちは、暴力や恐怖ではない方法で政治的生き残りを目指しているのですが、その議論は次章で行いましょう。

探偵からの挑戦状

栄龍翁は、明確な後継ぎを示さずに亡くなった。娘婿の敬之氏は社長だが、栄龍翁のイエスマンであるだけで能力のある人間とは思っていなかったようだ。また、後継ぎ候補であった孫の清一郎くんと栄龍翁の関係も破綻してしまった。それ以来、栄龍翁の放漫経営が続き、降矢木産業は多くの問題を起こし続けた。この「後継ぎ」はコミットメント問題の解決策の一つとも言われているのだが、その理由を考えてみよう。

(i) まずは後継ぎがいない場合を考えてみよう。図Aに示している投資家と引退間際の経営者のゲームを考える。最初に、投資家が「投資」するか「投資しない」かを決める。投資されなければ、経営が破綻し、両者の利得は0だ。投資をした場合、経営者は自分勝手に「放漫経営」をするか、会社の収益を高める「健全経営」をするかを決める。健全経営をした場合には、しっかりと投資家にも利益を還元でき両者の利得は3になる。放漫経営をした場合には、経営者はやりたいこ

図 A

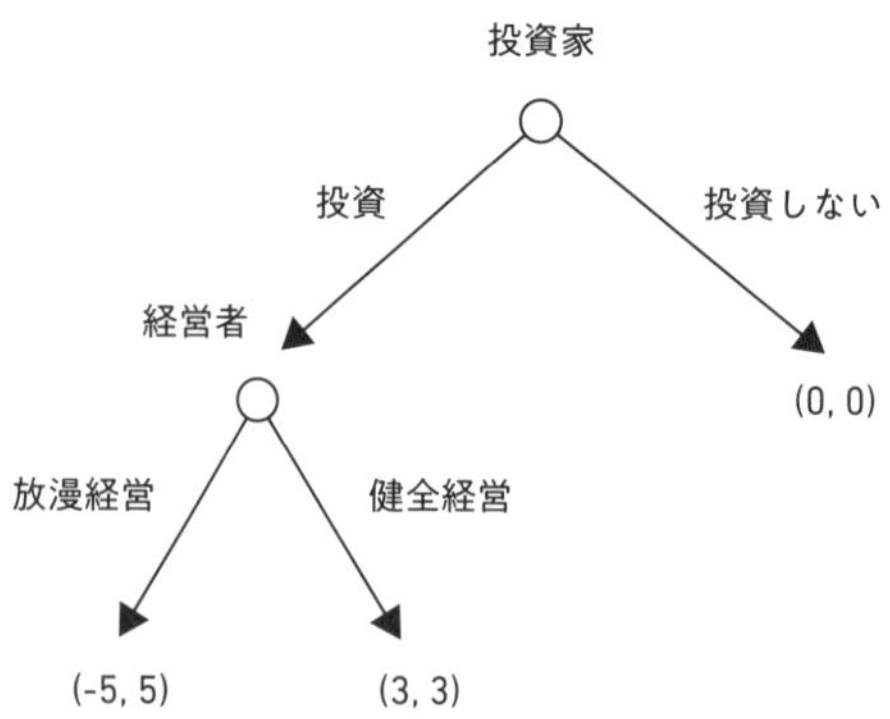

とをやって引退できるので5の利得を得るが、会社は損失を出して倒産する。よって、投資家は大損をして−5の利得になるとしよう。このゲームの部分ゲーム完全均衡を求めてみたまえ。最初の利得は投資家の利得で、2番目の利得が経営者の利得であることに注意しよう。

（ii）次に後継ぎがいる場合を考えよう。図Bにゲームの木を示してある。図Aと異なる点は、健全経営をした後だ。健全経営をして企業が存続した場合、経営者は後継ぎを出すか出さないかを決める。後継ぎを出さない場合は、後継ぎがいない場合と同様に利得は両者とも3になる。しかし、後継ぎを出した場合、投資家の利得は3のままだが、経営者は自分の子どもやその配偶者に継がせることになるので、利得6を得るとしよう。この利得は、後継ぎに対する愛の深さだ。このゲームの部分ゲーム完全均衡を求めてみよう。

(iii) この2つのゲームの均衡を比べて、後継ぎの存在がどのようなコミットメント問題を解決するか、議論してみてくれ。

図B

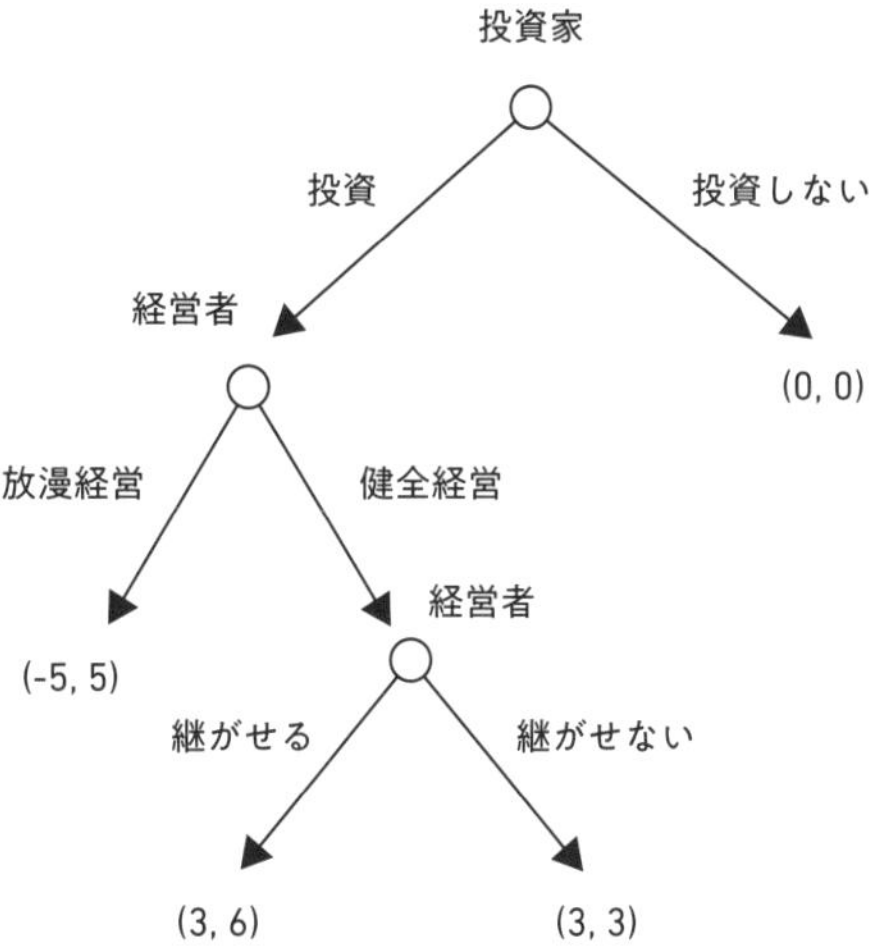

答え

（ⅰ）図Aを後ろ向き帰納法で解いていくと、経営者は「放漫経営」を選び、投資家は「投資しない」を選ぶ。引退間近で好き勝手なことをやりそうな経営者であると予見した投資家は、そもそも投資をしないのだね。

（ⅱ）図Bを後ろ向き帰納法で解いていくと、経営者は「継がせる」を選んだあとに、「健全経営」を選び、投資家は「投資」を選ぶ。引退間近であっても、後継ぎにちゃんと企業を残したい経営者は好き勝手なことをしない。それを予見した投資家は、投資をしてくれるわけだ。

（ⅲ）ここで言うコミットメント問題とは、引退間近の経営者が投資家に対して「しっかりと収益を上げる」と約束したことが信じられるか否か、という問題だ。後継ぎがいない場合、「どうせ引退間際だし好き勝手なことをするだろう」と思われて、約束を信じてもらえない。しかし「後継ぎのために企業を残したい」と経営者が思っている場合には、健全な経営をするという約束を信じてもらえる。後継ぎの存在が、コミットメント問題の解決策になり得るんだね（Besley and Reynal-Querol, 2017）。しかし、栄龍翁と清一郎くんの関係は破綻した。実の娘の文子夫人のことも信じられなくなっていたらしい。そうならば、図Bの「継がせる」の後の経営者の利得は5を下回ってしまうだろう。実際に、栄龍翁は放漫経営を選択していたようだね。問題が次々と明るみになり、もう経営は傾いてしまっていたようだ。

「何の御用ですか」

　珠世は鋭い目で、部屋の中で待っていた探偵のことを睨んでいた。

「珠世さん。あなたは、我々に巧妙に嘘をついてきた。嘘で嘘を塗り固めたら、あっという間にばれてしまう。でも真実の中に少しずつ嘘を混ぜれば、なかなかわかりません。うまいものでしたよ」

「私は犯人ではありません」

　珠世は、探偵の目を見据えながら、静かに、つぶやくように言った。

「ええ、それもまた真実です。でもあなたは、自分が栄龍翁の養子ではなく、愛人との間に生まれた実子であることを知っていましたね？　そして、実の母親が降矢木産業の公害が原因で亡くなったことも――」

第９章

国民のだまし方

図１には２人の政治指導者の写真を示しています。上は１９２４年から１９５３年までロシア共和国（現ロシア連邦）を含むソビエト連邦の最高指導者として君臨したヨシフ・スターリンであり、下はロシア連邦の大統領であるウラジーミル・プーチンです。「独裁者」に関して議論してきましたが、２人のイメージは全く異なります。スターリンやヒトラーなど昔の独裁者は、軍服に身を包み、民衆とは遠く離れた上段から強い表現を用いながら演説を行うことが一般的でした。自身の力の強さを誇り、人々を支配し、一国の指導者として君臨しているイメージです。しかし、近年ではそのような独裁者はごく少数です。ロシアのプーチンのように、軍服ではなくスーツやカジュアルな服に身を包み、民衆を高みから見下ろすことは少なく、むしろ民衆の輪の中に入り直接話を聞くことも珍しくありません。一見しただけでは、民主主義の政治指導者と見分

けがつきませんよね。

　独裁制や独裁者の在り方は、民主主義が多くの国に広がるにつれ変わっていきました。暴力と恐怖で支配し自身の絶大な力を見せつけるのではなく、多くの人々に支持されることで、その人気の上に自身の権力を維持しているような独裁者が多くなっています。しかし、その内実は民主

図1：[上] ヨシフ・スターリン（写真：AP／アフロ）、[下] ウラジーミル・プーチン（写真：代表撮影／AP／アフロ）

主義の国々とは異なります。本章では、この「新しい独裁制」に関して議論したうえで、「独裁者は暴力と恐怖を用いずに、どのように人々を支配しているのか」という謎を考えていきましょう。

1．新しい独裁制

1．1　独裁制における「選挙」

前章において民主主義とは、国民全員が政治指導者を選出する際に影響力を有していることだと定義しました。つまり、選挙を通して政治指導者が選出され、すべての市民が有権者であると言い換えることができます。このような定義を前提とすれば、民主主義と独裁制を分かつものは選挙の有無であるというイメージがあるかもしれません。しかし、今や選挙は民主主義だけではなく、独裁制においても行われることが一般的になってきています。東島（２０２３）によると、まだ民主主義の萌芽もないような１８００年には独裁制である国のうち9割以上の国で選挙は行われていませんでしたが、２０２０年において選挙を行っていない国は独裁制の国の中で2割未満になっています。

しかし、選挙が行われていることをもって民主主義と言うことはできません。例えば、朝鮮民主主義人民共和国（北朝鮮）を見てみましょう。国名に民主主義や人民という言葉が入っていますが、政治指導者である金正恩がその地位にある朝鮮労働党総書記は選挙ではない方法で選ばれています。よって、北朝鮮を民主主義と言うことはできません。一方で、国の議会である最高人民会議と地方人民会議の議員は選挙を通して選出されています。ただし、すべての候補者は支配政党である朝鮮労働党を中心とする祖国統一民主主義戦線によって選ばれるため、祖国統一民主主義戦線が全議席を占めています。明らかに偽の選挙であり、実質的には支配者層が議員を選んでいることになります。このように、野党の存在を許さない形で選挙を行っている独裁制も存在しています。ソビエト連邦もその１つでした。

　しかし、今のロシアを見てみると野党は合法的に存在していますし、すべての成人市民は投票権を有しています。そのうえで、プーチンは２０１２年以降（および２０００年から２００８年にかけて）大統領選に勝ち続け、与党である統一ロシアが議会議席の大半を占めてきました。大統領ではなかった２００８年から２０１２年の間も、プーチンは連邦政府議長（首相）でした。また他にも、２００４年から実質的に政治指導者の地位である首相の座に君臨し続けるリー・シェンロンが統治するシンガポールも独裁制とみなされていますが、野党が存在し、すべての成人市民が投票権を有しています。なお、リー・シェンロンは２０２４年11月までに退任する意向を示していますが、誰にその地位を譲るかも表明しています。民主主義では見られない光景ですね。これらの国では、一見、民主的な方法で政治指導者や議会議員を選出しているように見えますが、その内実は与党に有利になるように数々の選挙不正が行われていると指摘されています。

このように、民主主義的な選挙が行われているように見えて、選挙不正などを通し、選挙とは別の方法で政治指導者が選ばれているような独裁制を東島（２０２３）は**選挙独裁制**と呼んでいます。他に、競争的権威主義（Levitsky and Way, 2010）やハイブリッド体制（Diamond, 2002）などとも呼ばれています。現在のハンガリーやトルコなどが、その他の選挙独裁制の例としてあげられます。東島（２０２３）によると、１８００年にはほぼ存在していなかった選挙独裁制は、２０２０年には独裁制の中で6割以上を占めるようになってきたと指摘しています。選挙独裁制は、新たな独裁制の形として広まっていると言えるでしょう。

1．2　独裁制における選挙不正

では、選挙独裁制ではどのような選挙不正が行われているのでしょうか。選挙不正として考えられるものとして、選挙前に行われるものと、選挙中あるいは選挙後に行われる票の水増しが考えられます。まずは票の水増しから考えてみましょう。前章でも議論したように、独裁者は絶大な力を持っています。よって、選挙結果を事後的に変える、あるいは事前に投票所の管理者に票の水増しを依頼するなどは、それほど難しいことではありません。例として、プーチンが76％の得票率を得て再選された２０１８年におけるロシア大統領選挙を見てみましょう。この選挙では、選挙不正を避けるために各投票所に監視カメラが設置され、その様子がネット中継されました。しかし、そのカメラから複数の係員が大量の票を投票箱に投げ込む姿が中継され、大きな話題となりました。票の水増しが行われているのではないかという疑惑はこの選挙以前からあり、その後の選挙でも同様の疑惑が抱かれています。

事後的に票の水増しをするのではなく、選挙前に有力な対立候補者に対する弾圧が行われることもあります。明らかに暴力的手法で暗殺・暴行などをした場合には、選挙が不正なものだと思われてしまいます（それでも、そういう手法が用いられることはありますが）。あからさまな暴力を用いずに有力な対立候補者を排除する方法の一つは、選挙とは無関係な犯罪で逮捕することです。例えば、ベラルーシでは1994年からアレクサンドル・ルカシェンコが大統領の座に君臨しています。2020年ベラルーシ大統領選挙では、対立候補の一人は資金洗浄の疑いで逮捕され、出馬を考えていた政治運動家も大規模な騒乱を組織した疑いで逮捕されました。このようなあからさまな対立候補の弾圧は、国際的な非難を浴びることになりました。しかし、対立候補のスキャンダルや犯罪を作り上げて失墜させることは、独裁者がとる常套手段の1つと言えます。

対立候補の逮捕とは少し違う手段を、リー・シェンロンの父であり、1959年から1990年までシンガポールの首相であったリー・クアンユーは使いました。それは、野党の政治家を多額の損害賠償を伴う名誉棄損で訴えるという手段です。シンガポールでは言論の自由は表面上認められています。一方で、強い政権批判を行った政治家を名誉棄損で訴え、多額の賠償金をとることで破産に追いやってきました。Treisman and Guriev（2023）は、1971年から1993年までの間に11人の政治家が破産したと指摘しています。

1．3 自身に有利な選挙制度を

以上のような選挙不正だけではなく、選挙制度を独裁者や与党に有利なように変えていく方法も取られます。4章で議論したように民主主義でも行われることがありますが、それをあからさまな形で用います。その代表的な方法が、**ゲリマンダリング**です。ゲリマンダリングとは、自身に有利になるように選挙区の区割りを行うことです。例えば図2にあるように、2つの選挙区があるとしましょう。選挙区Aでは8割の住人が与党を支持している一方で、選挙区Bでは6割が野党を支持しているとします。このままでは、選挙区Aでは与党が勝利するものの、選挙区Bでは野党が勝利してしまいます。そこで、選挙区Aで与党支持者が多く住んでいる地区を選挙区Bに含め、選挙区Bで野党支持者が多く住んでいるところを選挙区Aに含めるように区割りを変更したとします。図下のように、それぞれ2割の住人を入れ替えるわけです。その結果、両選挙区で与党の支持者は過半数を超えるため、両方の選挙区で与党は勝てることになります。与党に有利な区割りを無理矢理作るため、選挙区の形が奇妙なものとなることで化け物のサラマンダーのように見えたこと、および区割りの恣意的変更を最初に行ったアメリカの政治家エルブリッジ・

図 2：ゲリマンダリング

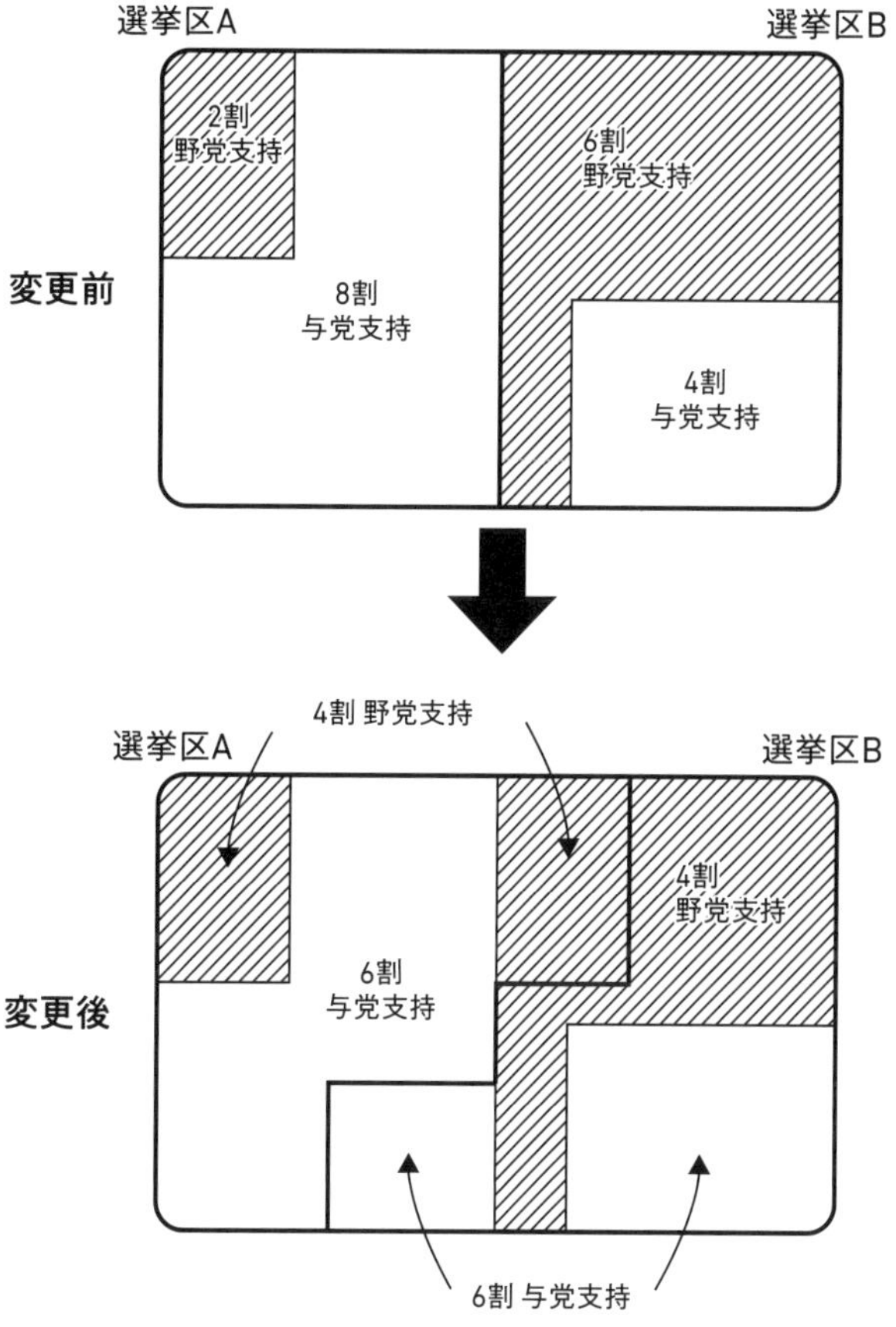

選挙区A
選挙区B
2割
野党支持
6割
野党支持
変更前
8割
与党支持
4割
与党支持
4割 野党支持
選挙区A
選挙区B
4割
野党支持
6割
与党支持
変更後
6割 与党支持

ゲリーの名前から、ゲリマンダリングと呼ばれています。

　ゲリマンダリングなど自身に有利な選挙制度にすることで、得票率は低くても議会の議席に占める比率を高めることが可能です。例えば、２０２１年のロシア下院選挙では、与党の統一ロシアの得票率は約49・８％でしたが、議席に占める比率は72％でした。また、シンガポールで行われた２０２０年の総選挙では、与党人民行動党の得票率は約61％であったのに対し、（選挙区選出議員に割り当てられた93議席のうち）与党が占める議席数は約89％でした。得票率と議席占有率に大きな差があることがわかります。

1．4　それでも選挙をする理由

　野党の存在を認めない、あるいは暴力的手法を用いて対立候補や有権者を弾圧することは可能であるにもかかわらず、なぜここまで迂遠な方法を用いて競争的な選挙が行われているふりをしようとしているのでしょうか。もともと暴力や恐怖を用いて統治する独裁制において、選挙は自身の権勢をアピールする１つの国家的イベントでした。例えば、中部アフリカのガボン共和国で１９６７年から２００９年まで大統領の座にいたオマル・ボンゴは、７年おきの自身の誕生日に選挙を行っていました。同時に、独裁制の国で「選挙」のようなものを実施すること自体、民主化への第一歩として国際社会に迎え入れられましたし、現政権を認めないような投票を行う有権者を危険分子として発見することもできました（Treisman and Guriev, 2023）。

しかし、野党の存在を認めない形だけの選挙は、周りから見れば所詮意味のない選挙です。一昔前では迎え入れた国際社会も、人権意識の高まりから明らかに競争的ではない選挙は認めなくなってきています。このような背景から、見た目だけでも競争的選挙にしていくことで、国内外に独裁者自身の人気の高さを見せつけることが、独裁制における選挙の重要な役割になってきました（Rozenas, 2016）。そのためには選挙不正は行うものの、「選挙に勝てたのは不正のおかげだ」と思われてはいけません。「選挙不正がなかったとしても選挙には勝てたであろう」と思われるくらいの選挙不正に留めておくことが最適な戦略ということになります。それにより国際社会に認められることができるうえに、自身の人気を見せつけることによって現政権に対して反乱を起こそうという機運も削ぐことができます。

現に、票の水増しが行われているところがネット中継されたロシアのプーチンも、ウクライナ侵攻までは政治指導者として国際社会に認められ、国民から多くの支持を得ている人気のある指導者と思われてきました。シンガポールのリー・シェンロンも、人気の高い政治指導者であると思われています。適度な不正を行った選挙で勝つことによって、自身の人気を内外にアピールしているわけです。

1．5　情報操作で権力の座を守る

国際社会の人権意識の高まりから、暴力や恐怖を用いた統治をしていれば国際社会から孤立してしまいます。昔であれば、それでも第一次産業や第二次産業を中心とした産業構造で一定の豊かさは享受できたでしょう。しかし情報化が進み、多くのイノベーションが生じている現状で国際社会から孤立してしまっては、ますます貧困にあえぐことになります。これでは、国民の不満が爆発し、革命や反乱が生じるかもしれませんし、支配者層ですら豊かさを享受できなくなってしまいます。独裁制の国とはいっても、国際社会から孤立しないように暴力や恐怖を用いた統治をできるだけ避け、国民からの人気に支えられる独裁政権を演出する必要に迫られてきました。そこで、暴力的手法を最小限とし、見た目だけは競争的に見える選挙を行ってきたわけです。しかし、暴力的手法を用いないとはいえ、独裁者は独裁者です。前章でも議論したように、独裁者は絶大な力を有しています。その中で、どのように人々を従え、政権を維持しているのでしょうか。

その最大の方法が、情報の操作であると指摘されています。このように情報操作を主たる手段として統治している独裁制は、情報専制主義とも呼ばれています（Guriev and Treisman, 2019)。前項で指摘したように、選挙を行う理由は自身の人気をアピールするためです。その人気を誇るためには、国民からの支持を得る必要があります。よって、一定程度の経済的成功を見せたうえで、政権運営が「国民のために」うまくいっていることをアピールしなくてはいけません。できるだけ、政権にとって不都合な側面を隠したうえで、最大限都合の良い情報だけを流したいわけです。

しかし、独裁制において独裁者は法の上を行く存在です。メディアを支配したうえで、不都合な事実をすべて隠し、都合の良い情報だけを流すことも難しくありません。しかし、国民だってそこまで愚かではありません。もしすべての情報が政治指導者の都合の良いように操作されていると思っているならば、メディアや政治指導者から発せられる情報を信じることはなくなり、政治指導者の人気は落ちてしまいます。すべて嘘に塗り固められた情報は、信じることはできません。それでは、どのような情報発信をすべきでしょうか。ヒントは、冒頭のミステリー小説です。嘘で嘘を塗り固めるのではなく、嘘と真実を適切に混ぜ合わせるのです。どのように嘘と真実を混ぜ合わせることが、政治指導者にとって最適なのでしょうか。次節では、Gehlbach and Sonin（2014）のモデルに基づきながら考えていきます。次節の議論は少し難易度があがります。ゆっくりと考えていきましょう。

2. 情報操作による支配

2. 1 正直な報道

独裁者が国民に対し何らかの行動を取ってほしいと考える場面は多く存在するでしょう。大まかにいえば、現政権を支持することや、反政府的活動に参加しないことがあります。具体的には、財政赤字に苦しんでいる場合における国債購入や、戦争下における兵役募集などが考えられます。国民に対して暴力と恐怖を用いて、無理やり従わせることはできるかもしれません。しかし、新しい独裁制では暴力や恐怖は主たる手段ではありません。その代わりに、情報を用いた統治が行われていることは議論した通りです。

しかし、メディアや政府が嘘を言っている可能性が高いと国民に思われては、信じてもらえなくなってしまいます。独裁者は、できるだけ情報を操作して国民に政府にとって都合の良い行動を取ってほしいと思う反面、あまりに操作しすぎると信じてもらえなくなるというトレードオフ（両立できない関係性のこと）に直面しているわけです。それでは、どのように情報を用いて国民をコントロールするのでしょうか。

独裁者と国民の2人のプレーヤーがいるゲームを考えます。国民は複数いると考えても構いません。独裁者は、ある行動を国民にとってほしいと思っており、それを要請したとします。国債の購入や、兵役への参加などです。ただし、独裁者と国民の間で利害が一致しているとは限りません。国債を購入しても約束されたリターンを得ることができず損失が生じるかもしれませんし、兵役に参加しても想像以上に過酷な戦地かもしれません。独裁者と国民の間で利害が一致しているか否かに関し独裁者は知っている一方で、国民は知らないと考えるべきでしょう。そこで6章と同様に、独裁者を以下の2つの「タイプ」で分けて考えます。

- **一致タイプ：国民と利害が一致している独裁者**
- **不一致タイプ：国民と利害が一致していない独裁者**

独裁者が国民と利害が一致している一致タイプであるときに国民が独裁者の要請に従った場合、国民は1の利得を得るとします。一方で、利害が一致していない不一致タイプのときに従えば利得は-1になるとしましょう。また、要請に従わなかった時の国民の利得は0とします。

独裁者は自身のタイプを知っていますが、国民は知らないとします。とは言え、国民も「何もわからない」とだけ思っているわけではないでしょう。「利害が一致している可能性は○○%くらいだな」と予想をしているはずです。「60%くらいだな」とか「30%くらいかも」などですね。国民など、プレーヤーが予想している確率を**主観的確率**と呼びます。**信念**とも呼ばれることがあります。この主観的確率の大きさによって、国民の最適な選択も異なってきます。国民の利得の

図3：正直な報道

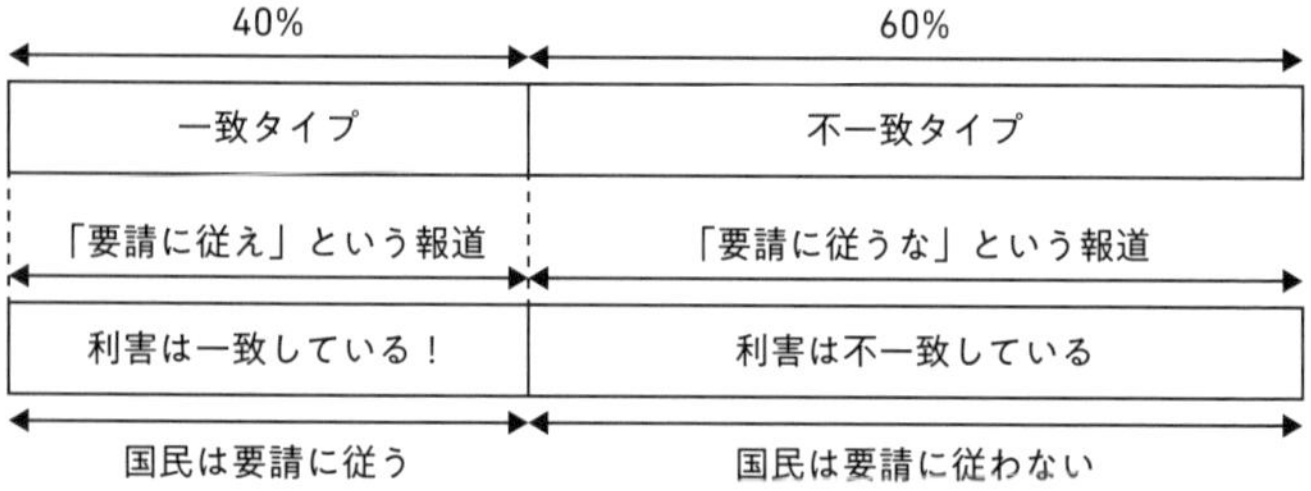

大きさをふまえると、独裁者が一致タイプである確率の方が、不一致タイプである確率よりも高いと思っているならば、独裁者の要請に従うことが最適です。つまり、一致タイプである確率が50％以上と考えるなら国民は従うということです。よって、国民が「一致タイプである確率は50％以上だ」と思ってくれているのならば、独裁者は何もする必要がありません。

　しかし国民に一定の独裁者への不信感が存在し、「一致タイプである確率が50％未満だ」と思われている場合には、独裁者が何もしなければ国民は要請に従ってはくれません。例として、図3にあるように一致タイプである確率が40％であると国民が予想している場合を考えてみましょう。独裁者としては、何としても国民に要請に従ってもらいたいと思っています。そこで、国民と独裁者の間の利害が一致しているか否かに関し、メディアに報道してもらおうとしたとします。「独裁者の要請に従った方が良いぞ」と報道させるか、「独裁者の要請には従わない方が無難だ」という報道をさせるか、という問題です。前者は独裁者が一致タイプであることを知らせる報道で、後者は不一致タイプであることを知らせる報道になります。ここでは、メディアは取材を通して、独裁者のタイプを知っているとします。

まず民主主義下のように、メディアが政府から独立しており、報道の自由が確立されているとします。そして、メディアは本当のことしか伝えないとしましょう。この場合、実際に利害が一致しているか否かの報道が正直になされるため、実際に利害が一致しているときのみ「要請に従え」という報道がなされることになります。つまり、図3が示すように、「要請に従え」という報道を見た国民は、独裁者は確実に一致タイプだと信じてくれることになります。一方で、「要請には従うな」という報道がされた場合には、確実に不一致タイプだと国民は信じます。よって、「要請に従え」という報道があったときのみ、国民は独裁者に従うことになります。報道がされない場合、国民は従ってくれることはありませんでしたが、ここでは利害が一致しているときのみ、国民は政府の要請に従ってくれます。全体の40％のケースで従ってくれるわけですね。

2.2 嘘で嘘を塗り固めることは最適か

しかし、独裁者としては利害が一致していない状態でも、国民が要請に従うようにしたいと思っています。そこでメディアを自身の統制下におき、その報道内容をコントロールするとしまし

図4：嘘で嘘を塗り固めた報道

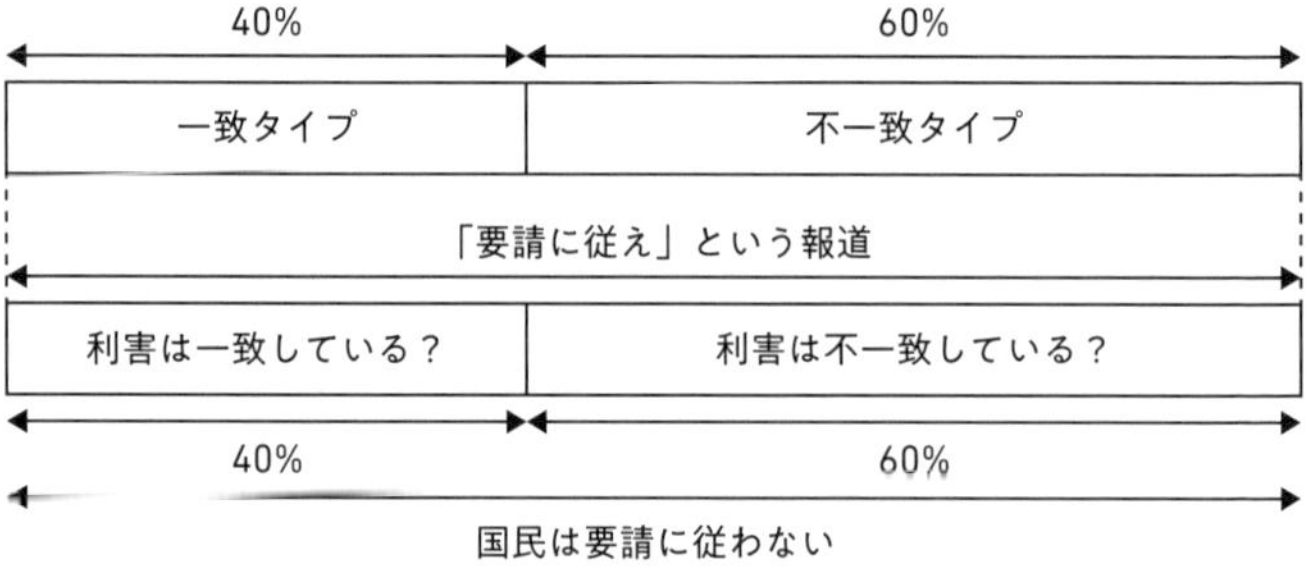

ょう。独裁者は思い切って、「どんな状況下でも、利害は一致していると報道しろ」と命令したとします。一致タイプであるときも、不一致タイプであっても、いずれにせよ「要請に従え」という報道がなされるということです。嘘で嘘を塗り固めるような状況ですね。

この報道を見た国民は、どう思うでしょうか。国民は「独裁者のタイプに関係なく、要請に従えという報道がされている」と思うわけですから、報道は国民に対して何の情報も与えてくれないことになります。正直な報道とは違い、報道からタイプを知ることは一切できません。もともと「一致タイプである確率は40%だ」と国民は信じているわけですから、報道を見ても、この主観的確率は変わりません。よって図4が示すように、その報道を見たとしても利害が一致している確率は40%のままだと思ってしまいます。一致している確率は50%未満だと思っているわけですから、政府の要請には従ってくれません。

正直に報道をした場合には、国民は利害が一致している状態のときのみ要請に従ってくれました。しかし、常に独裁者にとって都合の良い報道をしてした場合には、利害が実際に一致しているか否かにかかわらず、国民は従ってくれなくなってしまいます。正直に報道するときよりも、独裁者にとって状況は悪化していますよね。情報操作のやりすぎは国民からの信用をなくしてしまうため、情報操作による統治ができなくなってしまうということです。では、どうすればできる限り国民が要請に従うようにできるでしょうか。

2.3 嘘と本当を混ぜる

一致タイプの独裁者は、そのまま利害が一致していることを正直に報道させればよいわけですから、嘘をつく必要はありません。嘘をつく必要があるのは不一致タイプの独裁者のみです。そこで独裁者は、利害が不一致している場合に嘘をつく確率を決めることができるとしましょう。メディアは常に嘘をつくわけではなく、確率的に嘘をつくということです。例えば図5が示すように、不一致タイプの場合に50%の確率で「要請に従うな」と本当のことを伝え、残りの50%の確率で「要請に従え」と嘘をつくという形で、嘘と本当を混ぜて見せることになります。

もちろん、「要請に従うな」という報道がされた場合には、利害は確実に一致していないと国民は思います。よって、国民は要請に従わないことになります。問題は、「要請に従え」という

図5：嘘と本当を混ぜた報道

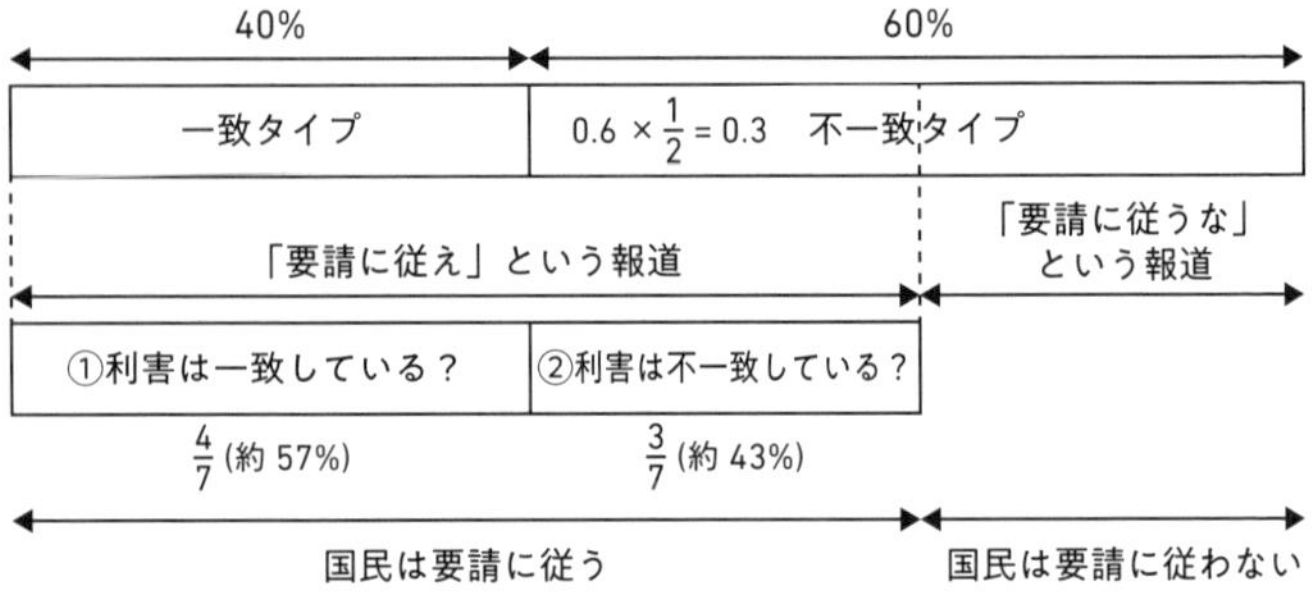

報道を国民が見た場合です。「要請に従え」という報道が行われるのは、図5にも示したように以下の2つのケースです。

①　実際に独裁者は一致タイプであり、メディアが本当のことを伝えたケース

②　実際には独裁者は不一致タイプなのに、メディアが嘘をついたケース

この中で①である主観的確率は、40％でした。②である主観的確率は、60％の確率で不一致タイプのときに、50％の確率で嘘がつかれて「要請に従え」と報道されるので、60％の半分の30％です。ただ、これらの主観的確率は報道を見る前の確率です。国民は「要請に従え」という報道を見ています。問題は、このような利害が一致していることを伝える報道を見た後に、国民は何％の確率で「実際にも利害は一致しているはずだ」と思うかです。報道を見る前には利害が一致している確率は40％でしたが、報道を見た後に利害が一致している確率は40％とは異なってきます。このように、ある事象が生じた後に、別の事象が生じる確率のことを**条件付き確率**と言います。ある事象が起こったことを条件として、別の事象が生じる確率を示しているので、このような名前がついています。「要請に従えという報道がされる」という事象が生じた後に、「独裁者は一致タイプである」という事象が生じる確率を計算したいので、ここでも条件付き確率を計算する必要があります。

　国民は、要請に従えという報道を見た後、40％の確率で生じる①のケースと、30％の確率で生じる②のケースのいずれかが生じていると考えます。合わせると、「要請に従えという報道がされる」という事象が生じる確率は70％です。その後に「実際に利害が一致している」確率は、図5にも示しているように「要請に従えという報道がされる」という70％の確率の中で「利害が一致している」確率である40％が占める割合ということになります。よって、40％を70％で割った、7分の4が「要請に従えという報道がされた後に、実際に利害が一致している条件付き確率」ということになります。この確率は約57％で、50％を超えています。よって、国民は「要請に従え」という報道を見たあとには「独裁者は一致タイプである可能性の方が高い」と判断し要請に従ってくれることになります。一方で「要請に従うな」という報道であれば、従いません。

　国民が要請に従ってくれるケースは、正直に報道した場合には全体の40％でした。また、嘘を必ずつく場合には、国民は一切要請には従ってくれませんでした。一方で、このように嘘と本当を混ぜる報道を行った場合には、要請に従ってくれるケースを全体の70%まで高めることができます。常に嘘をつくような独裁者やメディアは信じられませんが、ほどよく嘘と本当を混ぜることで、国民からの信用を確保することができるようです。それでは、どこまで嘘をつくことができるでしょうか。

2.4 最適な嘘のつき方

国民は「一致タイプである確率が50%以上だ」と思ってくれている限り、独裁者の要請に従ってくれます。ですので、国民が「要請に従えという報道がなされた場合、一致タイプである確率は50%以上だ」と思うギリギリのラインまで嘘をつくことができると言えます。利害が一致しているという主観的確率はもともと40%です。これは前述の①のケースなので、必ず「要請に従え」という報道がされます。「不一致タイプなのに、要請に従えという報道がされる」という②のケースである確率も40%になれば、ケース①である確率とケース②である確率は五分五分になりますね。そうであれば図6に示している通り、「要請に従え」という報道を見た後に、実際に利害が一致している確率は50%ということになります。

ケース②である確率を40%にするためには、どのくらい嘘をつけば良いのでしょうか。利害が一致していない主観的確率はもともと60%ですので、これに嘘をつく確率をかけた値が40%にな

図6：嘘がつけるギリギリのライン

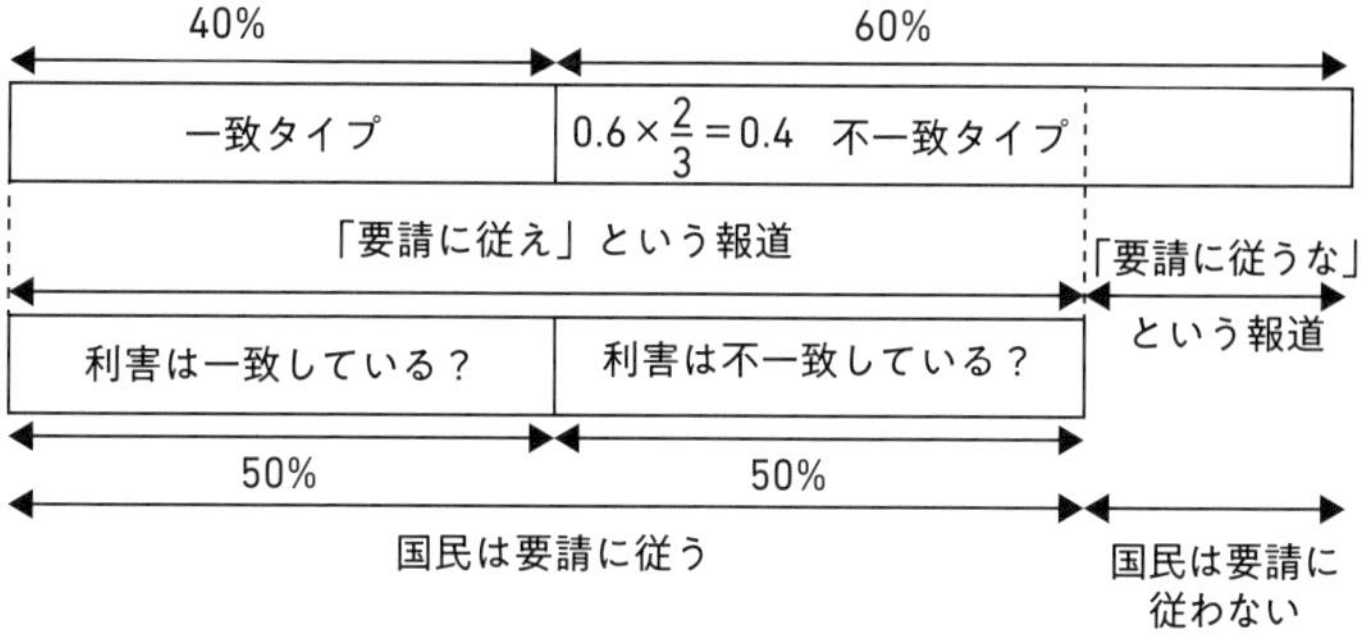

ればよいことになります。60％に3分の2をかければ、40％になりますね。つまり、不一致タイプである場合には、3分の2以下の確率で嘘をつくようにすれば、国民は「要請に従え」という報道を見た後に、その要請に従ってくれるようになります。さらに3分の2まで嘘をつく確率を高めれば、国民が要請に従ってくれる確率は、全体のうち80％まで高めることができます。

2.5 プーチンの情報操作

独裁者は情報操作をすることで、独裁者にとって好ましい行動を国民に選択してもらいたいと思っている一方で、あまりに操作をしすぎると情報を信じてもらえなくなってしまいます。このトレードオフを前提に、信じてもらえるギリギリのラインまで嘘を交ぜるという戦略が、独裁者にとって最適な戦略になってきます。では、すべてが嘘ではなく、嘘と真実を適切に混ぜるにはどうすればよいでしょうか。もちろん「嘘をつく確率を3分の2にする」のように、特定の確率にコントロールすることは難しいでしょう。その一方で、嘘と真実を織り交ぜるような報道をさせることで、国民に「報道には嘘も真実も含まれているが、ある程度は信頼できる」と思わせる手段はいくつかあります。

例えば、政府から独立したいくつかの民間のメディア設立を許可し、そのメディアに一定程度の政府批判をしてもらうことがあります。ロシア政府も、複数の民間メディアの存在を許してきました。そして、ジャーナリストが痛烈にプーチン政権を批判し、プーチンを前にして厳しい質問をぶつけるシーンが報道されることもありました。暴力と恐怖で統治していたソビエト連邦時代にはあり得ない光景であると言えるでしょう。また、海外メディアの取材を受け入れることも1つの手段になります。

ただし、これは情報操作によって国民を従わせることが容易なときに限られます。本節での例では、独裁者と国民の利害が一致している確率は40％だと国民は思っていましたね。この場合、嘘をつく確率を3分の2まで高めることができ、かつ国民が要請に従う確率も80％まで高めることができました。しかし、独裁者と国民の利害が一致している確率が、図7にあるように10％しかないと思われているならば状況は異なってきます。利害が一致していない主観的確率は90％ですので、利害が一致している確率10％と五分五分にするには、嘘をつく確率は9分の1以下でなければいけません。さらに、国民を従わせることができるケースも全体の20％以下まで下がりま

図7：一致タイプである確率が10％の場合

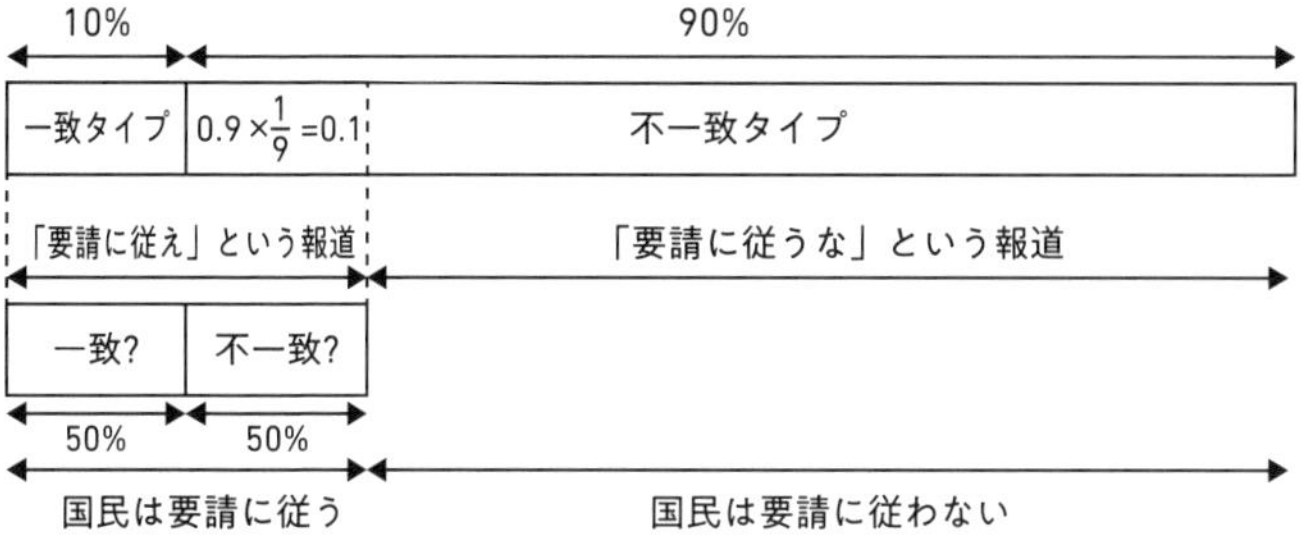

す。利害が一致している確率が下がれば下がるほど、嘘をつきづらくなり、かつ国民を従わせることも難しくなるわけです。

豊かな天然資源を背景に経済を大きく成長させてきたプーチン政権を支持する国民は、従来から多く存在していました。経済的成功などを背景に、多くの国民が政府と自身の利害は一致していると考えているのならば、情報操作を通して国民を従えていくことも難しくはなかったでしょう。しかし、ロシアのウクライナ侵攻後に状況は変わりました。ロシア政府としては短期間で終わると見越していた戦争が長期化し、経済は疲弊し、国際社会からも孤立している中で、それでも戦争継続のための資金調達や国民の兵役への参加が必要になってきました。しかし、国民の中にも徐々に、ウクライナ侵攻に対する疑問が大きくなってきます。つまり、政府と国民は利害が一致していない可能性が高いと、国民が思いはじめているということです。それでは、情報操作だけで国民を従わせることは難しくなってきます。独裁制において、情報操作だけではうまくいかない場合に用いられる手段は、暴力と恐怖になってきます。現にロシア政府から独立したメディアであったドーシチやメドゥーザなどが、ウクライナ侵攻後に次々と閉鎖されたり、ロシア国内での運営を禁止されたりしてきました。そして、ウクライナ侵攻に反対する者たちを次々と逮捕していることを報道することで、人々の恐怖を煽り、表立って反論しにくい状況を作り上げています。

独裁者が民主主義の指導者のふりをし、国民に寄り添う姿勢を見せ、柔和な表情を見せる理由は、人気を得たうえで自身の政権基盤を確固としたものとするためです。そして、それがうまくいくからこそ、ある程度は政権批判ができ、豊かさを国民が享受することができています。しかし、その政権基盤が危うくなり、民主主義のふりをしても支配が難しくなってくれば、独裁者は政権維持のために豹変することだってあり得ます。あっという間に国民の自由や豊かさが踏みにじられることは、独裁制の国では珍しくありません。一方で、民主主義の国で指導者が暴力的手法を表立って用いることは、なかなか難しいでしょう。新しい独裁制が民主主義のように見えても、それは表面上のものであることはふまえておく必要があると言えます。

電話口で鬼瓦警部は、呆然としているようだった。

「は、犯人がわかったというのですか、探偵殿！」

「ええ。明日、関係者全員を解得霧館に集めてください」

探偵は、驚いている鬼瓦警部の顔を想像して笑いを堪えていた。

「ヒントはすでに出されていますよ。事件が起きてから今まで、１人だけ奇妙な発言をしている人物がいます。その人物が犯人です。読者のみなさんも、誰が、いつ、どのような失言をしたのか当ててみてください」

「読者？　みなさん？　いったい誰と話しておるのですか、探偵殿？」

探偵は堪え切れずに噴き出し、大声で笑った。

探偵からの挑戦状

ぼくは事件の当初から、珠世さんは何かを知っていると感じていた。鬼瓦警部も刑事の勘から、そのように感じていたらしい。そこで、珠世さんが「真相を知っている」確率は80%だと警部は思っているとしよう。下図にあるように「真相を知らない」という主観的確率が20%ということだ。警察は、真相を知っている確率が50%を超えたと思った場合に、重要参考人として厳しい取り調べをするとする。このとき、珠世さんは実際に真相を知っているとしよう。しかし、そのこと

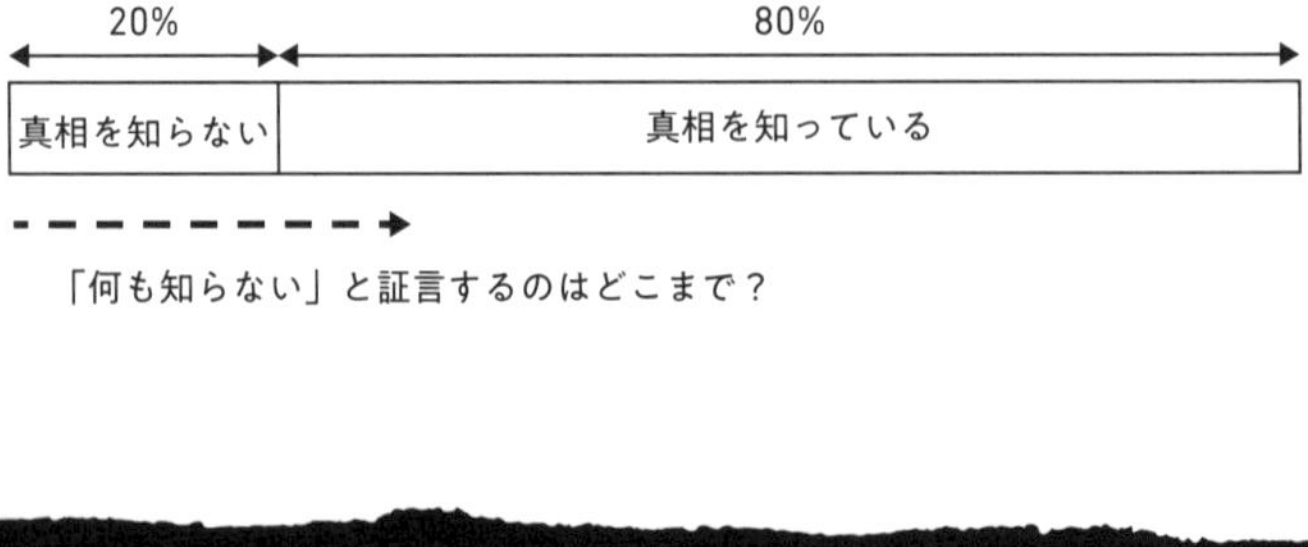

を隠すために「何も知らない」と嘘をつき、真相を知っていることを隠そうとした。厳しい取り調べを避けるためには、「真相を知っている」ときに嘘をつく確率を何％まで高めることができるだろうか。図6をヒントに解いてみたまえ。

答え

「真相を知っている」ときに嘘をつく確率は、25%まで高めることができる。下図が示すように、25%であった時、「真相を知っているのに嘘をついている」という主観的確率は、80%に25%（1／4）をかけた20%になる。「真相を知らない」という主観的確率と同じだね。よって、珠世さんから「何も知らない」と聞いた警察は50%の確率で「真相を知らない」と思うことになる。25%以下の確率で嘘をつけば、厳しい取り調べは避ける

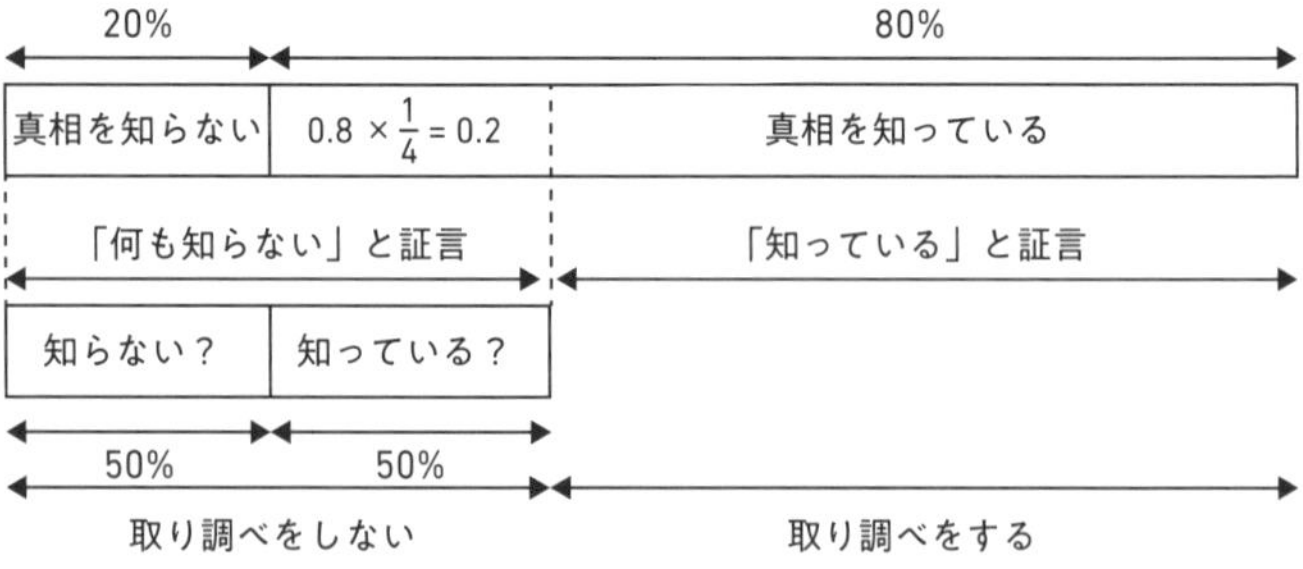

ことができるわけだ。しかし、私の目はごまかすことができない。そろそろ、この謎だらけの事件を解決しなければいけない時が来たようだ。

「その動機を理解すれば、一連の事件を引き起こした犯人が誰かは、自ずと明確になるのです。そう、犯人は……」

　解得霧館に集められた関係者たちを前に、探偵は話しはじめた。そして探偵は全員を見回し、最後にゆっくりと私の方を見ると、静かに「君だよ」とつぶやいた。探偵は、すべてをわかっている。私は微笑みながら探偵に、「いつからわかっていたのかい？」と訊いた。

「清一郎くんの死体が発見された日、君が現場に来たとき、すでに遺体は司法解剖に回っていた。清一郎くんは容疑者の筆頭候補で、湖に飛び込んで逃げていたから、当然、自殺や事故死の可能性もある。でも、君が現場に駆け付けた時の第一声は、『いったい、誰が』だった。君は、殺人だとわかっていた。自分がしたことだったからね」

探偵の目には、いつの間にか深い怒りが込められていた。

「君は、これまでずっと、この事件の傍観者を決め込んでいた。でも最初から最後まで、君はまぎれもない当事者だった。君こそが、すべての当事者なんだ。当事者なんだよ」

終章　謎を解いた、そのあとに

第2部と第3部では、政治家（独裁者）のインセンティブに焦点を当て、政策の意思決定を考えてきました。他にも政策に影響を与える重要なプレーヤーたちがいます。官僚や利益団体やメディアなど色々考えられますが、特に民主主義において最も重要なプレーヤーが市民でしょう。みなさんが政治家など政策決定に関わる仕事に就くことはなくても、「政策決定に全く関わらない」ということではありません。みなさんは政策の意思決定に関わる市民の一人です。つまり、みなさんもゲームのプレーヤーの1人です。

今までの章では、社会の謎をゲーム理論の視点を通して解き明かしてきました。「なぜ、こんなことになるんだ」という謎は、ある程度解けたかもしれません。しかし、謎を解き明かした後に、私たちは何をすべきでしょうか。これから生きていくうえで、みなさんは様々な困難に直面することになります。子どもができれば子育て政策が、家族の中に高齢者がいれば介護政策が、あるいは自分の仕事で収益を高めていくためには産業政策などが必要になってきます。政治に訴えたいことも出てくるでしょう。そのときに、1人の市民として何ができるのでしょうか。今までの章でも有権者はプレーヤーとして登場していましたが、終章では有権者としての役割に踏み込んで議論していきましょう。

1．あなたの1票の影響力

「選挙は国民が政治に影響力を与える重要な機会である」と言われることがあります。成人市民一人ひとりに1票が与えられ、選挙結果に影響力を持つことができます。6章で議論した通り、選挙は民主主義において極めて重要な制度です。選挙があるからこそ、政治家はより良い政策を選択するインセンティブを持つようになり、そしてより高い資質を有した政治家を残していくことができるからです。そして有権者にとっては、自身の1票を通して選挙結果に影響を与えることができる重要な機会であることは確かです。それでは、みなさんに与えられる「1票」の影響力は、どの程度あるのでしょうか。

　ここで次頁上の(1)式を見てください。

$$pB - C \geq 0 \qquad (1)$$

これは、**投票の計算式**と言われるもので、不等式の左側が投票をすることによって得られる利得です（Riker and Ordeshook, 1968）。一つひとつの項目を解説していきましょう。pは、あなたが投票することによって選挙結果を変えることができる確率です。例えば2つの政党が競っている選挙であるならば、あなたが投票しなかったときに同数票になる場合や、両党の得票数が1票差になる場合に、あなたの1票は選挙結果を左右します。Bは選挙結果があなたにとって好ましいものに変わったときに得られる利益です。2つの政党の中で、あなたが支持する政党が勝った場合の利益と、支持しない政党が勝った場合の利益の差というわけです。そして、Cは投票する費用です。これは金銭的費用と言うよりは、投票所に行く労力や、その時間で他にできたことを諦めた残念な気持ちや損失を「費用」として考えています。そして(1)式の不等式の右側の0は、投票に行かなかったときの利得です。選挙結果は変えることはできませんが、投票に行く費用もかかりません。なので、0です。不等式の左側の投票に行く利得が、右側の投票に行かない利得である0より大きければ、この有権者は投票に行くインセンティブを持つことになります。

では、有権者は投票をするインセンティブを持ち得るでしょうか。問題は、選挙結果を変えることができる確率であるpです。地方議会選挙や小さな自治体

$$pB - C + D \geq 0 \qquad (2)$$

の首長選挙では、稀に同数票や1票差になることはあります。しかし、国政選挙では私の知る限りありません。端的に言えば、多くの選挙でpの値は極めて小さく、0に限りなく近いと言えます。そのため、pBの部分の値はとても小さいと言えます。それでも選挙に行く費用Cは存在しているので、多くの選挙において(1)式の左側はマイナスの値になり、有権者は投票に行かないことが最適という予測になります。

ただし、実際には多くの人が投票をしています。上の(2)式を見てください。多くの人が投票をする理由の1つとして、上の(2)式に新たに入れたDという項の存在が古くから指摘されています。これは、選挙結果にかかわらず、「投票に行くこと」自体から得られる利得です。例えば、「投票は権利ではなく義務である」と考えている人は多くいます。そのような人たちが投票に行けば、義務を果たした達成感という利得を得ることができます。投票に行く費用と言っても、大半の人にとっては「面倒くさい」と感じる程度の費用です。それを上回るような若干の義務感を感じていれば、投票に行くインセンティブを有権者も持ち得ることになります。

この投票の計算式から言えることは、投票への義務感がある人など、選挙結果とは関係のない理由で選挙に行こうとする人だけが投票するということです。しかし、*D*は「政策に影響を与える」こととは関係ありません。みなさんが何かしらの政策の実行を求めたかったとしても、自分の1票が選挙結果や政策に対して与える影響力は小さいと言えます。

2. 陳情・請願の影響力

それでは投票すること以外で、政策の決定に影響を与えることはできるでしょうか。投票する権利である選挙権は、市民が政治に参加する権利である**参政権**の1つです。参政権にはほかに公務員になる権利である公職就任があります。公職就任には、選挙に出馬する権利である被選挙権も含まれます。しかし、出馬は1つの選択肢であるとはいえ、人生を大きく変える決断になってしまいますよね。

参政権にはほかに、市民自ら法案を提起できる住民（国民）発議と、市民が法案の是非を直接投票で決めることができる住民（国民）投票も含まれます。日本において国政における国民発議はできませんが、住民発議に関しては自治体によって認められています。しかし、今のところは市町村合併に関する住民発議を認める程度に留まっています。住民投票に関しては、国政では憲法改正の際にのみ国民投票が行われますが、地方自治体では住民投票を行うことができます。近年では、大阪都構想の住民投票が記憶に新しいでしょう。同時に、公職にある者の罷免を決めるリコールも参政権の一部であり、日本では地方自治体において認められています。一定の割合の住民が賛成すれば、首長や議員を解職できる権利です。しかし、どの方法も実施した場合には大規模なものとなるため、そうそう簡単に実現できるものではありません。

もう1つ、参政権に含まれるものとして**請願権**があります。請願権とは国や地方自治体に対して要請を行う権利のことで、日本では憲法16条で保障されています。要請の内容を書いたうえで、それに賛同する人たちの署名とともに議会などに提出することになります。また、請願と似ているものに、**陳情**もあります。陳情は憲法で保障される権利ではありませんが、手続き的には両者はほぼ同じであり、違いは議員による紹介の有無のみです。議会に請願を出すためには最低限1人の議員の紹介が必要ですが、陳情では必要ありません。提出された請願（陳情）は、その内容に関連する委員会に送られたうえで、採択するか否かが審議されます。採択された場合でも必ずしも実現されるわけではないですが、原則としてその要望の実現に向けて努力することが求められます。請願は政策決定に直接関与するわけではないため、ほかの参政権とは区別されることもあります。その分、請願（陳情）を出すことはそれほど難しそうではありませんね。

それでは、陳情や請願をすることの影響力はどの程度あるのでしょうか。憲法で保障されているわけではない陳情の取り扱いは、自治体によって大きく異なります。国および一部の自治体では陳情を請願のようには取り扱わず、審議を行いません。一方で、一部の地方自治体では請願と陳情は同様に取り扱われ、委員会における審議が行われることになります。しかし、陳情や請願によっては審議が未了のまま廃案となる場合もあります。議会議員には任期があります。その任期が満了となり議員の一般選挙が行われた時点で審議未了である請願と陳情は、そのまま廃案となってしまう決まりです。議会議員の構成が変わるので、一旦リセットするわけですね。これは裏を返せば、まともな審議をしなくても任期満了まで待てば廃案にできるということです。実際のところ、国に出された請願のほとんどが審議未了のまま廃案となっています。

一方で地方自治体の状況は、自治体によって異なっています。表１には、東京都23区における陳情と請願の取り扱いを示しています。２０１９年の統一地方選挙で選出された議員が4年間の任期を終えるまでに提出された陳情と請願の総数と、審議未了で廃案となったものの数と割合を示しています。中央区、港区、葛飾区、文京区、渋谷区では陳情は原則として請願と同様の扱いはしない（審議して採択・不採択の決定をしない）方針となっています（渋谷区では委員会で請願と同様の扱いをするか否かが決定されますが、75件の陳情のうち請願と同様のものとして扱われたものは0件でした）。その代わり、（中央区以外では）請願の総数が他の区と比して多くなっていますね。7章で議論したように、制度が変われば最適な戦略が変わります。訴えたいことがある住民は、陳情が審議されない場合に、議員による紹介を得て請願を出すインセンティブを持つようになると言えます。一方で中央区では、「陳情を請願と同等には扱わない」ことを（問い合わせに対応するだけで）周知していないため、請願は少ないままのようです。また一部の自治体では、「区民によるもの」や「区制に関わるもの」などの条件を満たした陳情のみを審議して

表1: 東京都および東京都23区における請願と陳情の取り扱い

区	陳情			請願			陳情条件付
	総数	廃案数	廃案率	総数	廃案数	廃案率	
練馬区	152	124	81.6%	2	1	50%	
江東区	256	198	77.3%	3	2	66.7%	
杉並区	164	120	73.2%	9	1	11.1%	
新宿区	134	94	70.1%	9	1	11.1%	○
世田谷区	62	41	66.1%	5	0	0%	○
江戸川区	128	70	54.7%	0	0	-	○
足立区	75	35	46.7%	20	11	55%	
豊島区	108	38	35.2%	9	1	11.1%	
北区	114	33	28.9%	4	0	0%	○
大田区	308	32	10.4%	11	0	0%	○
荒川区	112	11	9.8%	1	0	0%	○
目黒区	71	6	8.5%	1	0	0%	
品川区	256	14	5.5%	60	5	8.3%	
台東区	100	5	5%	1	0	0%	
中野区	22	1	4.5%	0	0	-	○
板橋区	244	8	3.3%	2	0	0%	
墨田区	57	1	1.75%	4	0	0%	○
千代田区	100	0	0%	2	0	0%	○
中央区	-	-	-	6	4	66.7%	
港区	-	-	-	57	17	29.8%	
葛飾区	-	-	-	33	4	12.1%	
渋谷区	-	-	-	24	0	0%	
文京区	-	-	-	196	0	0%	
東京都	325	53	16.3%	218	7	3.2%	○

足立区、板橋区、江戸川区、千代田区、目黒区に関してはウェブサイトで公開されている情報に基づいている。それ以外の区および都に関しては議会事務局（東京都は議会局）に問い合わせた。平成31年4月の統一地方選挙で選出された区議会議員（東京都は平成29年7月に選出された都議会議員）の4年間の任期中に委員会に付託された陳情と請願を対象としている。提出後に申請者より取り下げられた陳情と請願は含めていない。廃案率に関しては小数点第2位を四捨五入しており、区に関しては陳情の廃案率の順に並べた。「陳情条件付き」に○がついている区では、「申請者が区民であること」などの条件を満たす陳情のみ委員会に付託している。東京都に関しては、都議会議長が「陳情の内容、形式などの要件が請願に適合している」と判断された陳情のみ委員会に付託される。なお、練馬区では「令和5年第二回定例会から、審査は原則として、付託された委員会の委員の任期中（1年間）に行うよう改善を図る」としている。

います。国政への訴えが区への陳情や請願として出されることもあるため、条件を付けているわけです。

表1が示すように、自治体によって審議未了によって廃案となる割合は違います。千代田区ではすべての陳情と請願が審議を終えているのに対し、練馬区では8割を超える陳情が審議未了のまま廃案となっています。その中には、500人を超える署名がある区政に関わる訴えが、4年近くまともに審議されないまま廃案となったものもあります。また、中央区と江東区では3分の2の請願が廃案となっています。ちなみに東京都では、平成29年7月選出の議員の任期中に廃案となった陳情と請願の割合は、それぞれ約16%と約3%でした。もちろん陳情や請願の中には、直接区政・都政には関わらないものや、公序良俗に反するものもあるでしょう。また、任期終了間際に出された陳情や請願は、満足に審議できないこともあります。しかし、5割を超えるような廃案率は高すぎると言え、区民の声を軽視していると思われても仕方ありません。

ここで議員や行政の立場になってみましょう。不採択にすることが可能とはいえ、審議には一定の時間がかかり、行政側も資料提供をしなければなりません。また、一部の議員が陳情や請願の実現に本格的に動き出すかもしれません。行政（首長）と議会の多数派の意見が一致しているのならば、都合の悪い陳情や請願は審議をできるだけ避け、廃案になるまで待っていることが最適戦略になり得ます。よって、陳情や請願にまじめに向き合わない自治体があっても不思議ではありません。不思議ではありませんが、酷いですよね。請願や陳情を出す前に、自分が住む自治体がどの程度住民の声に向き合っているのか、チェックをする必要があると言えます。

3．政治家のインセンティブを考える

市民が政治に参加するいくつかの方法を考えてきました。しかし、どれも大きな影響力を持つものではなさそうです。では、政治家に働きかけるために何をすべきでしょうか。この点に関して、本書が指摘したことを集約すれば「政治家のインセンティブを考える」ということです。政治家にとって最も大切なことは「選挙に勝つこと」です。政治家として生き残らなければ、政治家としてやりたいこともできません。得票につながらないことに、政治家が時間と労力を費やすインセンティブは小さいと考えるべきでしょう。よって、市民として政治家に働きかけても、ある程度の票につながることが見越せない限り、その働きかけに応じるインセンティブを政治家は持たないと言えます。

1節において、一有権者が選挙結果を変える確率は非常に小さいため、一有権者が投票をするインセンティブは大きくないことを指摘しました。これは裏を返せば、政治家が一有権者の要望に応えたとしても、その有権者の1票が選挙結果を左右する確率は非常に小さいことを意味します。よって、一有権者の要望に時間と労力を費やして応えようとするインセンティブは小さいで

しょう。

これは請願や陳情でも同様です。たとえ多くの市民の署名があったとしても、その請願や陳情に応えることで票につながるという確信がなければ、採択することはもちろんのこと、わざわざ時間をかけて審議するインセンティブは生じないでしょう。5章5節での議論を思い起こしてください。それなりに大きな集団であっても、意見の統一度がない場合には、特定の政策を実行しても票につながらないと思われてしまいます。多くの署名があったとしても、そこに署名した人たちが、請願や陳情の成否で投票先を決めるわけではないと思われてしまえば、その意見を重視しようとは思わないでしょう。少なくとも議会（委員会）の多数派がそう思っていれば、「審議未了のまま廃案にしてしまえ」と思ってしまうわけです。

一方で、市民の要望に応えることで一定程度の票が確実に見込めるならば、政治家もそれに応えるインセンティブを持つかもしれません。例えば、2010年ころから保育園の待機児童の多さが問題視されはじめました。そのきっかけの1つが、共働き世帯の母親たちが自治体に対して行った請願・陳情です。多くの署名を集めたうえで、メディアの取材を引き連れて、いくつかの自治体に請願・陳情を提出しました。共働き世帯、特に母親たちにとっては保育園に入れるか否かは大きな問題です。残念ながら日本では、女性に対する労働市場での差別が未だに存在します。保育園に入れなかった場合に仕事を辞めるのは多くの場合母親ですし、女性では再就職をしようとしても前職ほどの給与ややりがいを見込めない場合も多くあります。問題の深刻さを考えれば、共働き世帯の母親たちの意見は統一されていると言えます。つまり、一連の請願や陳情は、実情を訴えるだけではなく、意見が統一されている「共働き世帯の母親」という票田を政治家に見せつける効果があったわけです。その結果、保育園対策は各自治体の大きな政策的課題の１つになりました。

報道などを通して多くの人に周知されることは、政治家だけではなく有権者の行動も変える可能性もあります。１節で議論したように、たった１人の有権者が選挙結果を変える確率は非常に低いです。しかし、それが10人、１００人、１０００人と増えてくれば選挙結果を変える確率も高まっていきます。個々の有権者が、「同じ背景を持つ人たちも、この政策が実現されるか否かで投票先を決めるのだろう」と予測することで、その集団の一員として「私たちの１票が選挙結果に影響を与える可能性があるかも」と信じることができるようになります。その結果、pの値が高いと感じるようになり、投票をするインセンティブを高めることになると言えます。さらに、そのような行動を多くの人々がとると見越せれば、政治家はその要望に応えるインセンティブをより強く持つことになります。

以上の議論から、政治家に対して意見が統一された票田になる集団を見せることができれば、訴えたい政策の実現が近づくかもしれないと言えるでしょう。それでは、具体的に何をすべきなのでしょうか。

残念ながら、ゲーム理論を用いた議論で言えることは、ここまでです。

「え?」と思われる方も多いかもしれません。しかし、ゲーム理論はあくまで現実をゲームのように抽象化したうえで分析する手法です。第1部では「企業」の行動を、第2部では「政治家」の行動を分析してきましたが、それは特定の企業や政治家の行動分析ではありません。個々の政治家を見ればそれぞれ異なる信条を持っています。どんなに目の前に票田を見せたうえで政策の実行を求めても、信条に反することはしないでしょう。また、政治家によっては選挙に勝つために十分な組織票を抱えている人もいます。そういう政治家は、その他の住民の要望を気にする必要はありません。また、選挙のことを考えずに、真摯に住民と向き合う政治家もいるでしょう。実際に、政策の実行に向けた運動をするには、その政策に関わる政治家たちや、その政策の中身を十分に考えたうえで、最適な方法を探していく必要があります。

ゲーム理論は、目の前にある謎を解き明かすヒントを与えてくれるものです。感情的にならないように、その謎に関わる人たちのインセンティブを紐解いていくことで、現状の問題を招いた理由を解き明かす助けにはなります。しかし、その謎を解いた後で、いざ解決に向けて動き出すためには、ゲーム理論の枠を超えて動く必要が出てくるわけです。

本書にできることはここまでです。みなさんが社会を構成する重要なプレーヤーの1人として、これから直面するだろう数々の社会の謎を解き明かすことに、少しでも役立つことができるならば、著者としては本望です。そして、さらに社会の問題を解決し、より良い社会を構築していってください。

みなさんこそが、この社会の当事者なのですから。

「犯人がまさか探偵殿のご友人、さらに珠世のきょうだいだったなんて。動機は、家を追い出され公害で死んだ母親を思っての復讐ですか」

鬼瓦警部を前に、探偵は洋菓子を牛乳に浸しながら、「それだけでは危篤状態の栄龍翁を殺害した理由を説明できません」と答えた。

「あえて言えば、我々に動機を探らせることが動機だったんでしょうね。普通に殺しただけでは遺産目当てだと思われるでしょうし、たとえ犯行が暴かれたとしても、母親への仕打ちに対する復讐で終わりだ。でも、危篤状態で惨殺するという奇妙なことをやり、世間の耳目を集めるように連続殺人を行うことで、「動機」が焦点となりました。結果として我々は降矢木産業の数々の悪事を暴くことになった。栄龍翁の評価は大きく下がり、降矢木家も終わりだ。そこまで見越していたんでしょう。また、最初に栄龍翁を装って電報を出したのも、友人ですよ。栄龍翁が危篤状態だと知ってすぐにね。友人はぼくのインセンティブを巧みに操っていた。ゲーム理論をよく理解していたのですよ」

　探偵は洋菓子がドロドロに溶けた牛乳を、じっと見つめた。

「重要なのは、犯人の気持ちになって考えることでした。今回、ぼくは友人の気持ちにもっと早く気づくべきだった。探偵として、ぼくは失格のようです。警部、これからはあなたが、世の中の多くの謎に挑み、その当事者の気持ちになって謎を解いていってください。いつまでも、ぼくを頼らずにね」

「そんなこと言わんでください、探偵殿。探偵殿の気持ちも痛いほどわかりますぞ」

　探偵は警部に悲しげに微笑み、「その調子ですよ、警部」とだけ言うと、そのまま館を後にした。

ブックガイド

ゲーム理論を深く学びたい方へ

①浅古泰史・図斎大・森谷文利『活かすゲーム理論』（2023）有斐閣

②岡田章『ゲーム理論・入門——人間社会の理解のために（新版）』（2014）有斐閣アルマ

ゲーム理論の本格的入門書は多々ありますが、ここでは2冊だけを紹介します。①はゲーム理論を応用することを強く意識した教科書であり、経営や政治など幅広い応用例を紹介しながら、読者自らがゲーム理論を用いて現実を分析できるようになることを目的として書かれています。②は理論的展開をより詳述した、ゲーム理論のスタンダードな教科書です。ただし、みなさんが大学生ならば、大学で開講しているゲーム理論入門の講義を履修し、そこで指定された教科書を読むことをお勧めします。

公共経済学に関してより深く学びたい方へ

①寺井公子・肥前洋一『私たちと公共経済』（2015）有斐閣ストゥディア

②小川光・西村晃『公共経済学』（2015）中央経済社

③林正義・小川光・別所俊一郎『公共経済学』（2010）有斐閣アルマ

1章から3章まで議論した数々の問題は、公共経済学で議論されている問題です。公共経済学を学ぶには経済学の基礎（特にミクロ経済学）を先に学ぶべきですが、①はわかりやすい言葉で、できる限り数式を避けつつ、ミクロ経済学の基礎から公共経済学の各トピックを解説しています。より数式を用いた解説に踏み込んだものが②と③であり、③は理論的展開を詳述しています。

「みんなの意見の作り方」をより深く学びたい方へ

①坂井豊貴『多数決を疑う――社会選択理論とは何か』（2015）岩波新書

②坂井豊貴『社会的選択理論への招待――投票と多数決の科学』（2013）日本評論社

③郡山幸雄・宮木幸一『多数派の専横を防ぐ――意思決定理論とEBPM』（2023）日本経済新聞出版

4章で議論した、複数の個人の意見からどのように社会の意見を導くのかという問題は、社会選択理論という分野で議論されています。一般の人でも読みやすい本として①があり、より深く知りたい方向けの本格的入門書として②があります。また、③は社会における決め方の問題に言及しながら、政策的議論を行っています。

ゲーム理論を用いた政治分析を深く学びたい方へ

①浅古泰史『ゲーム理論で考える政治学―フォーマルモデル入門』（2018）有斐閣
②浅古泰史『政治の数理分析入門』（2016）木鐸社
③北村周平『民主主義の経済学―社会変革のための思考法』（2022）日経BP
④小西秀樹『公共選択の経済分析』（2009）東京大学出版会

5章と6章で議論したゲーム理論を用いた民主主義の政治分析に関する入門書としては、以上のものがあります。①は民主主義の国内政治だけでなく、8章と9章で議論した独裁制の問題や、戦争と平和といった国際政治の問題も含めた幅広いトピックを包括する入門書です。②は主に民主主義の政治に関して①よりも一歩進んで議論しつつ、4章で議論した社会選択理論に関しても解説しています。③はゲーム理論だけではなく、データ分析も含めて解説をしています。④は中上級レベルの教科書で、社会保障や財政の問題など政策的議論も行っています。

社会厚生と幸福度に関してより深く学びたい方へ

①キャロル・グラハム『幸福の経済学――人々を豊かにするものは何か』
多田洋介訳（2013）日本経済新聞出版

②マーク・フローベイ『社会厚生の測り方』坂本徳仁訳（2023）日本評論社

7章で解説した幸福度と社会厚生に関わる本として、①は「幸福」を評価するにあたり、主観的な幸福度だけを用いるのではなく、GDPなどの経済指標を用いつつ、複眼的に評価していく必要性を説いています。②は社会厚生の議論を中心に据えつつ、過去の研究を紹介し評価している専門性の高い内容ですが、訳者解説が充実しています。

独裁制に関して深く学びたい方へ

①東島雅昌『民主主義を装う権威主義――世界化する選挙独裁とその論理』
（2023）千倉書房

②ブルース・ブエノ・デ・メスキータ、アラスター・スミス『独裁者のためのハンドブック』四本健二、浅野宜之訳（2013）亜紀書房

8章と9章で議論した独裁制に関して議論している分野は、比較政治学になります。①は近年の独裁制の動向を理解できる優れた専門書であり、多くのデータ分析に基づくものです。②は一般向けに読みやすく書かれた本であり、政治制度の違いによってどのような政策的違いが生じるのかに関して解説をしている本です。著者の議論に関しては、8章で言及しました。また、日本評論社の『経済セミナー』という雑誌で2023年8・9月号から連載されている「どうする独裁者―数理・データ分析で考える権威主義」（浅古泰史・東島雅昌）では、8章で紹介した暴力と恐怖で支配する独裁制に関するゲーム理論分析とデータ分析を紹介しています。

有権者の投票行動に関して深く学びたい方へ

①松林哲也『何が投票率を高めるのか』（2023）有斐閣

②飯田健・松林哲也・大村華子『政治行動論――有権者は政治を変えられるのか』（2015）有斐閣ストゥディア

終章で議論した有権者の投票行動に関しては、①が投票率を高める（あるいは低める）要因に関し、過去の研究を丁寧にわかりやすく紹介しています。②は有権者の政治行動（主に投票行動）の分析の基礎を包括的に解説しています。ともに、ゲーム理論的分析とデータ分析を基に議論している本になります。

「ホワイダニット」の名作

①法月綸太郎「死刑囚パズル」『法月綸太郎の冒険』（１９９５）所収　講談社文庫
②東野圭吾『悪意』（２００１）講談社文庫
③梓崎優『叫びと祈り』（２０１３）創元推理文庫

最後に、犯行動機の解明を中心としたミステリー小説であるホワイダニットの名作を紹介します。たくさんあるのですが、日本の作品３つに絞りました。

謝辞

本書を作成するにあたって、安達剛、岩切純平、野村祐太朗、東島雅昌の各氏は有意義なコメントをくださった。また、本書には私がゼミで扱ったトピックが多く含まれている。国際色豊かな私のゼミ生たちの議論は、本書に大いに反映されている。東京都議会局、および東京都23区の一部の議会事務局の方々には調査にご協力いただいた。そして、大和書房の出来幸介氏には、本書執筆の機会をいただいたうえに、拙稿に対する多くのアドバイスと激励をいただいた。この場を借りて、皆様に感謝の意を表したい。

私は今まで3冊の和書を記し、1冊目は父母に、2冊目は妻に、3冊目は指導教員に捧げてきた。4冊目の和書となる本書は今までのものとは異なり、誰でも気軽に読める本になるよう努めた。そのときに、私の子どもたちが近い将来に読むであろうことが常に念頭にあったことは言うまでもない。本書は、これから社会の多くの謎に挑んでいくであろう愛するSとKとMに捧げたい。今のところ子育ては苦労の連続であり、本書の執筆に多くの困難をもたらした主な原因はこの3人でもあるのだが。同時に、社会の謎に挑むことはおろか、この世界の光すら見ることができなかった浅古ゆきに本書を捧げる。２０１５年４月８日。あの日、病院の窓から見える桜には、まだ多くの花が残っていた。そこに静かに雪が降っていた情景を、一生忘れることはない。

用語集（50音順）

インセンティブ　P28

人々が特定の行動をとる裏にある、その決定を促す原因のこと。誘因や動機とも言う。例えば、「選挙は政治家に有権者のために働くインセンティブを与えている」、あるいは「ボーナスは従業員に努力して働くインセンティブを与える」など。

後ろ向き帰納法　P94

最後に意思決定を行うプレーヤーから後ろ向きに分析する方法。例えば3章の例では、B国の核兵器使用の意思決定から分析したうえで、A国の攻撃の有無を分析した。この方法で導いた結果は、部分ゲーム完全均衡と同一になる。厳密には、以下の手順を踏む。

①最後に意思決定を行うプレーヤーに関し、利得を最大化する戦略をみつける。

②最後から2番目に意思決定を行うプレーヤーの意思決定に移り、利得を最大化する戦略をみつける。ただし、このプレーヤーは①の行動を予想していると考える。

③最後から3番目に意思決定を行うプレーヤーがいた場合、その意思決定に移り、利得を最大化する戦略をみつける。ただし、このプレーヤーは①と②の行動を予想していると考える。

④以上を、最初に意思決定をするプレーヤーまで繰り返す。

エージェンシー問題　P168

依頼人であるプリンシパルと代理人であるエージェントの間の関係において生じ得る2つの問題。第1に、両者の間に利害対立があることにより、エージェントがプリンシパルの利益を考えた行動をとらない可能性があるという問題。第2に、能力などエージェントのタイプをプリンシパルは知ることができないため、好ましくないタイプのエージェントを選んでしまう問題。両問題は、契約や選挙を通して軽減できる。

規律効果　P174

選挙が有する望ましい機能の1つ。利己的な政治家に対し、有権者の好む政策を実行するインセンティブを与える。再選されることが十分に魅力的であった場合に、規律効果は発揮される。

ゲームの木 P90

逐次的な意思決定を行うゲームをわかりやすく図示したもの。特定のプレーヤーが意思決定を行う意思決定点を含む点と、各プレーヤーが有する戦略を示す枝の２つの要素でできている。

効用 P118

本書では、利得と同じ意味としている。「利得」の項目を参照のこと。

コミットメント問題 P99

コミットメントとは、信じられる約束や脅しのこと。コミットメントの問題とは、時間の経過とともに最適な行動が変化し、事前に行った脅しや約束に信ぴょう性がなくなる問題。3章では、事前に核兵器を使用する脅しをしても、事後的には使用しないことが最適なため、脅しが信じてもらえない例を議論した。

コンドルセ・ルール P124

複数の選択肢から2つの選択肢を取り出し、その2つの選択肢の間で投票を行う。これを、すべての組み合わせで行ったもの。総当たり戦。他のすべての選択肢に勝利するか、あるいは引き分ける選択肢のことをコンドルセ勝者と呼ぶ。また、他のすべての選択肢に負ける選択肢のことをコンドルセ敗者と呼ぶ。

最適反応 P65

与えられた他のプレーヤーの戦略に対して、最大の利得をプレーヤーにもたらす戦略のこと。例えば、ジャンケンに勝ちたいと思っている場合、グーへの最適反応はパーである。支配戦略があれば、それは相手のどの戦略に対しても最適反応になる。

シグナリング P187

相手に伝えたいことがあるにもかかわらず直接相手に伝えられないときに、政策など間接的な方法を通して推察してもらおうとする行為。6章では、ポピュリズム的政治家が極端な政策を選択することで、有権者に自身が「民衆の味方」であるというシグナルを送っている例を紹介した。

支配戦略 P42

相手がどの戦略を選んだとしても、常に他の戦略より高い利得を与える戦略のこと。例えば、1章のモデルでは、相手が浄水場に出資してもしなくても、常に出資しない方が高い利得をプレーヤーに与えていることから、「出資しない」が支配戦略であった。

社会厚生関数 P201

各個人の利得（効用）から社会厚生（社会にとっての望ましさ）を導く関数。社会厚生の最大化をするような政策が望ましいと考える。社会の構成員である個人全員の利得をすべて足し合わせた総和を社会厚生とするベンサム型や、社会の構成員の中で最も低い利得を持つ人の利得を社会厚生とするロールズ型など、複数の種類がある。

囚人のジレンマ P53

司法取引を持ち掛けられた2人の容疑者が、自白か黙秘かを選択するゲーム。予測される結果は「両者とも自白」であり、この結果はパレート最適ではない。このことから、パレート最適ではなく、両プレーヤーが協調しないような結果が唯一の予測される結果になるゲームのことを、囚人のジレンマ的状況と言う。

主観的確率 P267

プレーヤーが予想している相手のタイプや行動に関する確率のこと。

条件付き確率 P273

ある事象が生じた後に、別の事象が生じる確率のこと。ある事象が起こったことを条件として、別の事象が生じる確率を示しているので、このような名前がついている。9章では、「要請に従えという報道がされる」という事象が生じた後に、「独裁者は一致タイプである」という事象が生じる条件付き確率を計算した。

制度設計 P49

ゲームのルール（社会の制度）を変えることで、人々のインセンティブを変え、実現される結果をより良いものにしていこうとすること。メカニズムデザインとも言う。

選挙のサイクル P127

コンドルセ・ルールを用いた際に、コンドルセ勝者を決められない状態。4章では、ラーメンは牛丼に勝ち、ピザはラーメンに勝ち、牛丼はピザに勝っている状態を例として示した。

選好関係 P117

2つの選択肢の間の個人の好みを表現したもの。一方が他方より好ましい強い選好関係と、2つの選択肢がともに同価値である無差別関係の2種類がある。

選択効果 P178

選挙が有する望ましい機能の1つ。望ましくない性質を有する政治家を落選させることで、政治家の資質を改善していく。再選されることがあまり魅力的ではない場合に、選択効果は発揮される。

戦略 P23

プレーヤーが持っている選択肢のこと。

タイプ P24

ゲームにおける相手のプレーヤーの性格・性質・背景などのこと。相手の性格・性質・背景がわからないときに、相手のプレーヤーのタイプを設定し、それに関する不確実性をゲームの設定として導入する。6章では、政治家には有権者と利害が一致している清廉タイプと、利益団体と癒着している癒着タイプを考えたモデルと、利益団体と癒着している腐敗したエリートタイプと民衆の味方である民衆タイプを考えたモデルを紹介した。

トレードオフ P182

両立できない関係性のこと。つまり、一方を重視すると、他方を軽視しなければいけないような関係性。お金と自由時間や、選挙の規律効果と選択効果は、トレードオフの関係にある。

ナッシュ均衡 P65

すべてのプレーヤーが最適反応を選択している状態のこと。囚人のジレンマでは、2人とも自白することがナッシュ均衡。電気自動車の普及の例では、電気自動車が普及するナッシュ均衡と、普及しないナッシュ均衡が存在した。

パレート改善

P199

結果を変えることで、以下のいずれかが生じることをパレート改善であると言う。

条件①…全員の利得が高まる。

条件②…他の人の利得を下げずに、誰かの利得を高めることができる。

変更された先の結果が、パレート最適である必要はない。パレート改善するような政策があれば実行すべきだとは言えるが、富裕層から貧困層への再配分など、パレート改善をしなくても実行すべき政策はある。

パレート最適

P44

他の誰かの利得を下げない限り、誰かの利得を高めることができない（誰かの利得を増やせば、他の誰かの利得が必ず下がる）状態のこと。政策などが社会にとって望ましいか否かを測る基準の1つ。無駄を作らないことを要求しており、公平性に関しては何も要求していない。例えば、1章のゲームでは「2人とも出資しない」はパレート最適ではないが、「2人とも出資する」および「1人のみ出資する」はパレート最適であった。

部分ゲーム完全均衡

P93

部分ゲームとは、1つの意思決定点からはじまり、そこから後につながっているすべてのゲームを取り出したもの。すべての部分ゲームでプレーヤーがナッシュ均衡の戦略を選んでいる状況が、部分ゲーム完全均衡である。後ろ向き帰納法の解と同一である。

プリンシパル＝エージェント理論

P167

依頼人（本人）であるプリンシパルと代理人であるエージェントの間の関係を分析した理論。本人・代理人理論と訳されることもある。情報や時間のないプリンシパルが、専門性を有したエージェントに意思決定の権限を与える。例えば、投資家と経営者、有権者と政治家、依頼者と探偵がプリンシパルとエージェントの関係である。しかし、プリンシパルはエージェンシー問題に直面する。

プレーヤー

P22

ゲームの中で戦略的に選択を行う意思決定者。

無差別関係 P118

2つの選択肢が同等に好ましいこと。選好関係の1つ。2つの選択肢に対する好みが全く同じであり、「どちらでもよい」という場合に用いる。例えば、「コカコーラとペプシは無差別」など。

モデル P25

現実の事象を単純化してゲームで示したもの。英語のmodelには、「模型」という意味もあり、模型は現実の飛行機や車や建物を、その重要な特徴だけを残して単純化したもののため同じ言葉が用いられている。

利得 P24

選好関係を数値化したもの。効用とも言う。より好ましい選択肢に、より大きな値が与えられているため、利得最大化行動とは「最も好ましい選択肢を選ぶ」ことを意味する。

利得表 P40

プレーヤーが同時に意思決定を行うゲームをわかりやすく表にしたもの。厳密には、意思決定の時間軸を表現できないが、その他の要素は表記できる方法と言える。

Redistributive Politics," *the Journal of Politics* 58(4), 1132-1155.
Erler, H.A., 2007, "Legislative term limits and state spending," *Public Choice* 133(3-4), pp. 479-494
Gehlbach, S., and K. Sonin, 2014, "Government Control of the Media," *Journal of Public Economics* 118, 163-171.
Gehlbach, S., Sonin, K. and Svolik, M. (2016) "Formal Models of Nondemocratic Politics," *Annual Review of Political Science* 19, 565-584.
Green, L., A. F. Fry, and J. Myerson, 1994, "Discounting of delayed rewards: A life-span comparison," *Psychological Science* 5, 33-36.
Guriev, S., and D. Treisman, 2019, "Informational Autocrats," *Journal of Economic Perspectives* 33(4), pp. 100-127.
Halfmann, K., W.M. Hedgcock, and N. L. Denburg, 2013, "Age-Related Differences in Discounting Future Gains and Losses," *Journal of Neuroscience Psychology and Economics* 6(1), 42-54.
Kamada, Y., and T. Sugaya, 2020, "Optimal Timing of Policy Announcements in Dynamic Election Campaigns," *The Quarterly Journal of Economics* 135(3), 1725-1797.
Kamijo, Y., T. Tamura, and Y. Hizen, 2020, "Effect of proxy voting for children under the voting age on parental altruism towards future generations," *Futures* 122, 102569.
Levitsky, Steven, and Lucan A. Way, 2002, "The Rise of Competitive Authoritarianism," *Journal of Democracy* 13(2), pp. 51-65.
Meng, A., 2020, *Constraining Dictatorship: From Personalized Rule to Institutionalized Regimes*, Cambridge University Press.
Myerson, R., 2008, "The Autocrat's Credibility Problem and Foundations of the Constitutional State," *American Political Science Review* 102(1), 125-139.
North D. C., amd B.R. Weingast, 1989, "Constitutions and Commitment: The Evolution of Institutions Governing Public Choice in Seventeenth-century England," *Journal of Economic History* 49(4), 803-832.
Olson, M. P., J. C. Rogowski, 2020, "Legislative Term Limits and Polarization," *the Journal of Politics* 82(2), 572-586.
Rieger, M., and R. Mata, 2015, "On the Generality of Age Differences in Social and Nonsocial Decision Making," *The Journals of Gerontology: Series B* 70(2), 200-212.
Riker, W., and P. Ordeshook, 1968, "A theory of the calculus of voting." *American Political Science Review* 62, 28-42.
Rozenas, A., 2016, "office Insecurity and Electoral Manipulation," *Journal of Politics*, 78(1), pp. 232-248.
Smith, A., 1998, "International Crisis and Domestic Politics," *American Political Science Review* 92(3), 1998, 623-639.
Tabuchi, H, 2018, "Trump Administration Drops Florida from Offshore Drilling Plan," *New York Times*, January 8, 2018.
Treisman, D., and S. Guriev, 2023, *Spin Dictators: The Changing Face of Tyranny in the 21st Century*, Princeton University Press.

参 考 文 献

ミュデ．カス，カルトワッセル，クリストバル・ロビラ (2018)『ポピュリズム：デモクラシーの友と敵』(永井大輔、高山裕二訳) 白水社，2018 年 (C. Mudde, and C. R. Kaltwasser, 2017, Populism: A Very Short Introduction, Oxford University Press).

ダウンズ，アンソニー (1980)『民主主義の経済理論』(吉田精司訳)，成文堂 (A. Downs, 1957, *An Economic Theory of Democracy*, Harper Collins).

八田尚宏 (2016)『シルバー民主主義：高齢者優遇をどう克服するか』中公新書

東島雅昌 (2023)『民主主義を装う権威主義：世界化する選挙独裁とその論理』千倉書房

フランツ，エリカ (2021)『権威主義：独裁政治の歴史と変貌』(上谷直克他訳)，白水社 (E. Frantz, 2018, *Authoritarianism: What Everyone Needs to Know*, Oxford University Press).

ブエノ デ メスキータ，ブルース，スミス，アラスター (2013)『独裁者のためのハンドブック』(四本健二，浅野宜之訳)，亜紀書房 (Bueno de Mesquita, Bruce, and Alastair Smith, 2012, *The Dictator's Handbook: Why Bad Behavior is Almost Always Good Politics*, Public Affair).

Acemoglu, D., G. Egorov, and K. Sonin, 2013, "A Political Theory of Populism," *The Quarterly Journal of Economics*, 128(2), 771-805.

Acemoglu, D., and J. A. Robinson, 2000, "Why Did the West Expand the Franchise? Democracy, Inequality, and Growth in Historical Perspective," *Quarterly Journal of Economics* 115, 1167-1199.

Acemoglu, D., and J. A. Robinson, 2001, "A Theory of Political Transitions," *American Economic Review* 91, 938-963.

Acemoglu, D., and J. A. Robinson, 2006, *Economic Origins of Dictatorship and Democracy*, Cambridge University Press.

Asako, Y., T. Matsubayashi, and M. Ueda, 2016, "Legislative Term Limits and Government Spending: Theory and Evidence from the United States," *The B.E. Journal of Economic Analysis & Policy* 16(3), 1501-1538.

Ashworth, S., E. Bueno de Mesquita, and A. Friedenberg, 2017, "Accountability and Information in Elections," *American Economic Journal: Microeconomics* 9(2), 95-138.

Albert, S. M., and J. Duffy, 2012, "Differences in Risk Aversion between Young and Older Adults," *Neurosci Nuroecon*. 2012(1): 10.2147/NAN.S27184

Besley, T., 2004, "Paying Politicians: Theory and Evidence," *Journal of the European Economics Association* 2(2-3), 193-215.

Besley, T., 2006, *Principled Agents?: The Political Economy of Good Government*, Oxford University Press.

Besley, T., and A. Case, 1995, "Incumbent Behavior: Vote Seeking, Tax Setting and Yardstick Competition" *American Economic Review* 85, 25-45.

Besley, T. and M. Reynal-Querol, 2017, "The logic of hereditary rule: theory and evidence," *Journal of Economic Growth* 22(2): 123-144.

Bueno de Mesquita, B., A. Smith, R. M. Siverson, and J. D. Morrow, 2003, *The Logic of Political Survival*, MIT Press.

Bueno de Mesquita, E., 2016, *Political Economy for Public Policy*, Princeton University Press.

Cox G., 2016, *Marketing Sovereign Promises: Monopoly Brokerage and the Growth of the English State*, Cambridge University Press.

Diamond, Larry, 2002, "Thinking about Hybrid Regimes," *Journal of Democracy* 13(2), pp. 21-35.

Dixit, A., and J. Londregan, 1996, "The Determinants of Success of Special Interests in

浅古 泰史（あさこ・やすし）

早稲田大学政治経済学術院准教授。2009 年、ウィスコンシン大学マディソン校にて Ph.D.（経済学）取得。日本銀行金融研究所エコノミストを経て現職。専門は、公共選択論、数理政治学、応用ゲーム理論。主著:『政治の数理分析入門』（木鐸社、2016 年）、『ゲーム理論で考える政治学―フォーマルモデル入門』（有斐閣、2018 年）、*Analyzing Electoral Promises with Game Theory*（Routledge, 2021）、『活かすゲーム理論』（共著、有斐閣、2023 年）。

この社会の「なぜ?」をときあかせ!

謎《なぞ》解《と》きゲーム理《り》論《ろん》

2024年 2 月25日　第 1 刷発行
2024年 4 月 1 日　第 2 刷発行

著　　者　浅《あさ》古《こ》 泰《やす》史《し》
発 行 者　佐藤　靖
発 行 所　大和《だいわ》書房
東京都文京区関口 1-33-4
電話　03-3203-4511

ブックデザイン　佐藤亜沙美（サトウサンカイ）
カバー・口絵イラスト　てんてこ
図版・本文中イラスト　朝日メディアインターナショナル
校　　正　円水社
編　　集　出来幸介
本文印刷　信毎書籍印刷
カバー印刷　歩プロセス
製 本 所　小泉製本

ISBN978-4-479-39422-8

https://www.daiwashobo.co.jp

06

早稲田の地に社屋を構える大和書房と早稲田大学の研究者がタッグを組み、未来に実を結ぶ「学びのタネ」をまくべく執筆された書籍シリーズです。

KEEP
OUT